항공 핵심 역량 강화 시리즈(NCS)

# 응급 환자 대처

항공 핵심 역량 강화 시리즈(NCS)

# 응급 환자 대처

## 머리말

본 교재에서는 항공객실 직무역량강화 필수 능력단위 항목인

- 기내 안전관리
- 승객 탑승 전 준비
- 승객 탑승 및 이륙 전 서비스
- 비행 중 서비스
- 착륙 전 서비스
- 착륙 후 서비스
- 승객 하기 후 관리
- 응급환자 대처
- 항공기내방송 업무
- 고객만족 서비스를

예비 승무원인 학생들의 능력단위별로 분권하여 미래 예비 승무원들의 수준에 맞도록 튼실하고 짜임새 있게 저술하였으며 항공객실서비스를 학습하는데 능력단위별 주교재/부교재로 선택할 수 있게 하였고 유사분야로 사료되는 '승객 탑승 전 준비, 승객 탑승 및 이륙 전 서비스', '착륙 전 서비스, 착륙 후 서비스' 등 밀접하게 연관성 있는 능력단위를 합본하여 학생들로 하여금 체계적인 선수 및 후수 학습을 가능하게 하였다.

따라서 본 교재의 특징인 최신사진과 객실승무경력 32년 저자의 경험을 담은 글을 함께 학습하면 항공객실서비스 분야에서 원하는 모든 항공지식을 습득·함양할 수 있으며 예비 승무원들이 원하는 항공사에 입사 후, 재교육의 필요 없이 객실승무비행에 임할 수 있는 자격과 지식을 갖추게 될 것이라 자신하고 싶고 항공객실서비스에 대해 재교육을 받을 시에는 본 교재의 선학습 효과로 인해 어느 훈련생보다도 상당히 우수한 성적으로 수료하지 않을까 확신한다. 이는 곧 국가와 항공회사의 신입승무원 재교육이라는 큰 부담을 덜어주는 촉매제 역할을 하게 될 것이며, 아울러 개인·항공회사·국가의 경쟁력 강화로 이어지지 않을까 생각한다.

2020년
저자 씀

## 직무명 : 항공객실서비스

항공객실서비스는 총 9가지의 능력단위로 구분되어 있으며 능력단위의 내용은 아래와 같다.

### 1. 항공객실서비스 직무 개요

1) 항공객실서비스 직무 정의

> 항공객실서비스란 객실 안전관리, 승객 탑승 전 준비, 승객 탑승 서비스, 이륙 전 서비스, 비행 중 서비스, 착륙 전 서비스, 착륙 후 서비스, 승객 하기 후 관리, 응급환자 대처, 객실승무 관리를 하는 일이다.

2) 항공객실서비스 능력단위

| 순 번 | 능력단위 | 페이지 |
|---|---|---|
| 1 | 기내 일상 안전 관리 | |
| 2 | 승객 탑승 전 준비 | |
| 3 | 승객 탑승 및 이륙 전 서비스 | |
| 4 | 비행 중 서비스 | |
| 5 | 착륙 전 서비스 | |
| 6 | 착륙 후 서비스 | |
| 7 | 승객 하기 후 관리 | |
| 8 | 응급환자 대처 | |
| 9 | 객실승무 관리 | |

3) 항공객실서비스 능력단위별 능력단위요소

(능력단위의 수준은 난이도를 말하며 숫자가 높을수록 난이도/높은 이해도를 요구한다)

| 능력단위(수준) | 능력단위요소 | 수 준 |
|---|---|---|
| 기내 일상<br>안전관리(3) | 승객 탑승 전 안전 · 보안 점검하기 | 3 |
| | 항공기 이 · 착륙 전 안전 · 보안 관리하기 | 3 |
| | 비행 중 안전 · 보안 관리하기 | 3 |
| | 착륙 후 안전 · 보안 점검 · 관리 | 3 |

| 능력단위(수준) | 능력단위요소 | 수 준 |
|---|---|---|
| 승객 탑승 전 준비(3) | 기내서비스용품 점검하기 | 3 |
| | 서비스 설비 및 기물 점검하기 | 3 |
| | 특별 서비스 요청사항 점검하기 | 3 |
| 승객 탑승 및 이륙 전 서비스(3) | 탑승위치 대기하기 | 3 |
| | 탑승권 재확인하기 | 3 |
| | 좌석 안내하기 | 3 |
| | 수하물 정리 지원하기 | 3 |
| | 특수 고객 지원하기 | 3 |
| | 탑승 환영 안내방송하기 | 3 |
| 비행 중 서비스(3) | 기내음료 제공하기 | 3 |
| | 기내식 제공하기 | 3 |
| | 기내 오락물 제공하기 | 3 |
| | 면세품 판매하기 | 3 |
| | 객실 상태 점검하기 | 3 |
| 착륙 전 서비스(3) | 입국 서류 배포 및 작성 지원하기 | 3 |
| | 기내용품 회수하기 | 3 |
| | 기내 서비스용품 및 면세품 재고 확인하기 | 3 |
| | 목적지 도착 안내방송하기 | 3 |
| 착륙 후 서비스(3) | 도착 안내방송하기 | 3 |
| | 승객 하기 지원하기 | 3 |
| | 특수 고객 지원하기 | 3 |
| 승객 하기 후 관리(3) | 유실물 점검하기 | 3 |
| | 잔류 승객 점검하기 | 3 |
| | 기내설비 점검하기 | 3 |
| | 기내용품 인수 · 인계하기 | 3 |
| 응급환자 대처(3) | 응급환자 발생상황 파악 · 보고하기 | 3 |
| | 응급환자 초기 대응하기 | 3 |
| | 응급환자 후속 관리하기 | 3 |
| | 환자 대처 상황 기록하기 | 3 |
| 객실승무 관리(4) | 객실 승무원별 근무 배정하기 | 3 |
| | 운항 · 객실 간 정보 공유하기 | 4 |
| | 불만승객 대처하기 | 4 |
| | 출 · 도착 서류 작성 · 관리하기 | 3 |
| | 객실서비스 관리하기 | 4 |

## 능력단위 소개 '응급환자 대처'

| | |
|---|---|
| 능력단위 명칭 : 응급환자 대처 | |
| 능력단위 정의 : 응급환자 대처란 응급환자 발생상황 파악·보고, 응급환자 초기 대응, 응급환자 후속관리, 환자 대처상황 기록을 수행하는 능력이다. | |

| 능력단위요소 | 수행 준거 |
|---|---|
| 응급환자 발생상황 파악·보고하기 | 1.1 객실 서비스 및 객실 안전 규정에 따라 기내 환자 발생 여부를 파악할 수 있다.<br>1.2 객실 서비스 및 객실 안전 규정에 따라 환자에 대한 정보를 신속하게 상급자에게 보고할 수 있다.<br>1.3 객실 서비스 및 객실 안전 규정에 따라 환자에 대한 정보를 공유하도록 할 수 있다. |
| | 【지식】 • 환자 증세에 대한 지식 |
| | 【기술】 • 상황 보고 능력 |
| | 【태도】 • 정확한 태도<br>• 꼼꼼함 유지<br>• 세밀한 태도<br>• 신속한 태도 |
| 응급환자 초기 대응하기 | 2.1 객실 서비스 및 객실 안전 규정에 따라 응급처치할 수 있다.<br>2.2 객실 서비스 및 객실 안전 규정에 따라 환자의 응급상태를 확인하고, 탑승 의사와 의료진을 신속하게 찾을 수 있다.<br>2.3 객실 서비스 및 객실 안전 규정에 따라 응급치료장비를 탑승 의사의 협조를 구해 활용할 수 있도록 조치할 수 있다. |
| | 【지식】 • 응급환자 대응매뉴얼 이해<br>• 응급처치 이해<br>• 의료장비 기본지식 |
| | 【기술】 • 응급처치 능력<br>• 고객 심리분석 능력 |
| | 【태도】 • 신속한 태도<br>• 정확한 태도 |

| | |
|---|---|
| 응급환자 후속<br>관리하기 | 3.1 응급환자 대응매뉴얼에 따라 응급환자 상태가 악화되지 않도록 관리할 수 있다.<br>3.2 응급환자 발생에 따라 일반 탑승자의 쾌적한 여행이 방해되지 않도록 조치할 수 있다.<br>3.3 착륙 후 응급환자 대응매뉴얼에 따라 공항과의 협조체제가 순조롭게 진행될 수 있게 조치할 수 있다. |
| | 【지식】 • 응급환자 응대에 대한 지식 |
| | 【기술】 • 응급환자 응대능력<br>• 응급환자 관리능력 |
| | 【태도】 • 세심한 태도<br>• 편안한 태도 |
| 환자 대처 상황<br>기록하기 | 4.1 객실 서비스 및 객실 안전 규정에 따라 응급환자 발생시 조치 내용과 상태를 기록할 수 있다.<br>4.2 객실 서비스 및 객실 안전 규정에 따라 응급환자 관련 후속 조치내용을 기록할 수 있다.<br>4.3 객실 서비스 및 객실 안전 규정에 따라 응급환자의 공항 인계인수 내용을 기록할 수 있다.<br>4.4 객실 서비스 및 객실 안전 규정에 따라 비행 종료 후 환자 조치 내역을 기록하여 회사에 보고하고 향후 환자관리에 참고가 되도록 할 수 있다. |
| | 【지식】 • 응급환자 기본조치에 대한 지식<br>• 메디컬 레코드 이해 |
| | 【기술】 • 단계별 구별 기술<br>• 조치 요약 기술 |
| | 【태도】 • 꼼꼼함 유지<br>• 정확한 태도 |

## 자가진단표

| 1203010508_13v1 | | 응급환자 대처 | | | | |

| 진단 영역 | 진단 문항 | 매우 미흡 | 미흡 | 보통 | 우수 | 매우 우수 |
|---|---|---|---|---|---|---|
| 응급환자 발생상황 파악·보고하기 | 1. 나는 객실 서비스 및 객실 안전 규정에 따라 기내 환자 발생 여부를 파악할 수 있다. | ① | ② | ③ | ④ | ⑤ |
| | 2. 나는 객실 서비스 및 객실 안전 규정에 따라 환자에 대한 정보를 신속하게 상급자에게 보고할 수 있다. | ① | ② | ③ | ④ | ⑤ |
| | 3. 나는 객실 서비스 및 객실 안전 규정에 따라 환자에 대한 정보를 공유하도록 할 수 있다. | ① | ② | ③ | ④ | ⑤ |
| 응급환자 초기 대응하기 | 1. 나는 객실 서비스 및 객실 안전 규정에 따라 응급처치할 수 있다. | ① | ② | ③ | ④ | ⑤ |
| | 2. 나는 객실 서비스 및 객실 안전 규정에 따라 환자의 응급상태를 확인하고, 탑승 의사와 의료진을 신속하게 찾을 수 있다. | ① | ② | ③ | ④ | ⑤ |
| | 3. 나는 객실 서비스 및 객실 안전 규정에 따라 응급치료장비를 탑승 의사의 협조를 구해 활용할 수 있도록 조치할 수 있다. | ① | ② | ③ | ④ | ⑤ |
| 응급환자 후속 관리하기 | 1. 나는 응급환자 대응매뉴얼에 따라 응급환자 상태가 악화되지 않도록 관리할 수 있다. | ① | ② | ③ | ④ | ⑤ |
| | 2. 나는 응급환자 발생에 따라 일반 탑승자의 쾌적한 여행이 방해되지 않도록 조치할 수 있다. | ① | ② | ③ | ④ | ⑤ |
| | 3. 나는 착륙 후 응급환자 대응매뉴얼에 따라 공항과의 협조체제가 순조롭게 진행될 수 있게 조치할 수 있다. | ① | ② | ③ | ④ | ⑤ |
| 환자 대처 상황 기록하기 | 1. 나는 객실 서비스 및 객실 안전 규정에 따라 응급환자 발생시 조치 내용과 상태를 기록할 수 있다. | ① | ② | ③ | ④ | ⑤ |
| | 2. 나는 객실 서비스 및 객실 안전 규정에 따라 응급환자 관련 후속 조치내용을 기록할 수 있다. | ① | ② | ③ | ④ | ⑤ |
| | 3. 나는 객실 서비스 및 객실 안전 규정에 따라 응급환자의 공항 인계 인수 내용을 기록할 수 있다. | ① | ② | ③ | ④ | ⑤ |
| | 4. 나는 객실 서비스 및 객실 안전 규정에 따라 비행 종료 후 환자 조치 내역을 기록하여 회사에 보고하고 향후 환자관리에 참고가 되도록 할 수 있다. | ① | ② | ③ | ④ | ⑤ |

### [진단결과]

| 진단 영역 | 문항 수 | 점수 | 점수 ÷ 문항 수 |
|---|---|---|---|
| 응급환자 발생상황 파악·보고하기 | 3 | | |
| 응급환자 초기 대응하기 | 3 | | |
| 응급환자 후속 관리하기 | 3 | | |
| 환자 대처 상황 기록하기 | 4 | | |
| 합계 | 13 | | |

☞ 자신의 점수를 문항 수로 나눈 값이 '3점' 이하에 해당하는 영역은 업무를 성공적으로 수행하는 데 요구되는 능력이 부족한 것으로 교육훈련이나 개인학습을 통한 개발이 필요함.

(인용출처 : NCS 홈페이지-항공객실서비스)

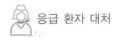 

# CONTENTS

**Chapter 3**

# 응급환자 후속관리하기(Secondary Survey)

**Chapter 4**

메르스, 신종플루, H1N1, H3N2(홍콩독감), 에볼라 등
# 기내 1차 감염 의심증상이 있을 시 대처방법

**Chapter 5**

# 기내 상황별 응급처치

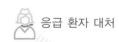 

# CONTENTS

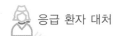
# CONTENTS

# 응급 환자 대처

| 능력<br>단위<br>정의 | 응급환자 대처란 응급환자 발생상황 파악 보고, 응급환자 초기 대응, 응급환자 후속 관리, 환자 대처 상황 기록을 수행하는 능력이다. |
|---|---|
| 학습<br>목표 | 응급환자 발생상황 파악·보고, 응급환자 초기 대응, 응급환자 후속 관리, 환자 대처 상황 기록을 수행하는 능력을 함양할 수 있다. |
| 선수<br>학습 | 항공기 표준 환경, 응급환자 증상 및 처치, 항공기 탑재 응급장비, 환자 심리와 소통, 응급환자 대처 상황 기록과 보고 |
| 핵심<br>용어 | EMCS, 응급환자, 응급장비, 응급환자 대응절차, 응급환자 대응결과 기록 및 보고서, 응급처치, CPR, AED, FAK, EMK, 항공기 표준 환경, 내부 기압, 환기, 오염, 온도, 상대습도, 탑승객 가능 공간, 소음, 진동, 난기류, medical alert symbols, doctor referral form, 지상 연계 원격 진료, re-suscitator bag, oxygen bottles and mask, blood pressure gauge, 멍과 염좌, 골절, 출혈, 화상, 당뇨병, 출산, 저산소증, 기도 폐쇄, 과호흡, 천식, 기절, 심장마비, 협심증, 뇌졸중, 충격, 경련, 발작, 심부정맥 혈전증, 식중독, 두드러기, 알레르기, 멀미, 심폐소생술, 인공호흡, 자동제세동기, 의사소통, 임시착륙 |

# 응급환자
## 발생 상황 파악
## 보고하기

1. 응급처치(First aid)란?

2. 응급환자 발생 파악하기

## Chapter

### 01

# 응급환자
# 발생 상황 파악
## 보고하기

 **01** 응급처치(First aid)란?

위급한 상황에 놓인 환자에게 생명위중상태를 넘기기 위하여 의료상의 조치를 취하는 것을 말하며 응급한 상황에 처한 환자의 생명보존, 현상유지, 부작용억제, 빠른 회복을 유도하기 위한 일련의 조치를 의미한다. 비교적 위험한 경우(acute cases)는 수분 내지 수시간 안에 생명의 위협을 받을 수 있기 때문에 질병의 부위·양상·종류·원인 등을 규명하는 등의 전통적인 치료와는 다르며, 현재 환자에게 발생하는 상당히 중요한 변화에 대하여 어떤 치료를 우선적으로 시행할 것인가를 결정하고 이를 시행하는 행위이다. 따라서 비행 중 객실에서 이러한 상황이 벌어졌을 때 객실승무원은 수분 안에 승객의 생명이 위태롭게 될 가능성이 있어 기내환경을 감안하여 즉시 이러한 상황이 호전되도록 처치해야 한다.

## 기내 환경

### ① 객실고도(Cabin Altitude)

항공기가 이륙하고 나서 한참 지났을까. 순항고도에 들어가고 나서 기장방송(Captain Announcement)이 흘러나온다. "현재, 이 항공기는 고도 35,000피트, 약 10,800m 상공을 시속 900km으로 순조롭게 비행중입니다."라고 한다.

마침 해외여행에 맞추어 겸사겸사 고도를 표시할 수 있는 고도시계를 차고 출발한지라 문득 손목시계를 고도계로 돌려보았

다. 그런데 이상한 일이 벌어졌다. 고도를 나타내는 디지털 수치가 1,862m라고 나타나 있지 않는가. 이상하다 싶어 이번에는 미터(m)가 아닌 피트(ft)로 모드를 바꾸어 보았는데 6,107ft를 가리키고 있는 것이다. 시계를 잘못 산 것인가 하고 고개를 젓고 있는데, 마침 자리를 같이 한 이 계통의 항공전문가가 다음과 같이 가르쳐주는 것이었다. 「기내의 기압은 대략 0.7~0.8기압 정도로 조절되어 있기 때문에, 고도계에 표시된 숫자가 아마도 맞을 겁니다.」

여객기는 순항고도에서는 객실 내의 기압을 대체로 표고 2,000m 정도 높이의 기압, 즉 0.8기압, 기온은 섭씨 약 24도로 조절해 놓고 있다는 것이다. 고도시계는 공기압을 바탕으로 고도를 측정하도록 되어 있으므로 항공기가 실제 날고 있는 고도는 10,000m이고 바깥은 0.2기압이지만 기압을 측정한 여객기 안은 0.8기압 정도로 세트되어 있기 때문에 이런 일이 벌어지는 것이다. 이것을 '기

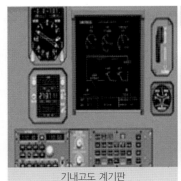
기내고도 계기판

여압조절하는 조종실 계기판

내 고도(Aircraft-Cabin Altitude)'라고 한다.

만약 별도로 여압기를 가동시키지 않고 객실 안의 기압이 바깥 기압과 똑같다면 바로 고산병에 걸려버리고 말 것이며, 단숨에 이 고도까지 올라가면 귀가 아파서 견디질 못하고 1분도 못 견디고 사망에 이르게 된다고 한다.

최근 여압장치 관련 사고는 2015년 12월 23일 오전 06시30분 김포공항을 이륙한 국내 저가 항공사 여객기(B737-800)의 여압장치가 고장나 호흡이 곤란해지면서 152명의 승객들이 혼란에 빠진 경우도 있었다.

참고문헌 : 영종 블로그

## ❷ 기내 기온과 습도(Temperature and Humidity)

비행기의 객실 내 온도는 23~25도 정도로 유지되며 습도는 9% 내외여서 상당히 건조하다. 따라서 코의 점막과 피부가 건조되며 불편함이 초래되고 건조한 환경 때문에 신체의 수분이 많이 증발하기 때문에 알코올성 음료가 아닌 순수한 물을 충분히 마셔야 탈수가 예방될 수 있다.

## ❸ 기내 환기(Ventilation)

여객기 객실은 비행해도 승객과 승무원의 신체에 영향을 미치지 않도록 여압장치, 환기장치를 통해 쾌적한 여행이 될 수 있도록 설계되어

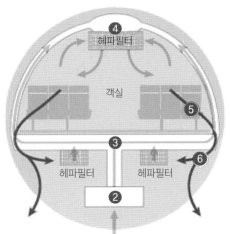

① 외부 공기 유입
② 냉난방장치 통과
③ 객실 바깥에 있는 관을 통해 위로 올라감
④ 헤파필터 통과
⑤ 객실 밖으로 배출
⑥ 절반은 헤파필터 통해 다시 기내로
　절반은 기내 밖으로 배출

자료 : 대한항공

항공기 내 공기순환시스템

있다. 객실 내 공기순환은 매 3~5
분 내외로 완전히 교체되고 있어
서 수술실과 같은 수준의 깨끗한
공기를 유지하고 있다.

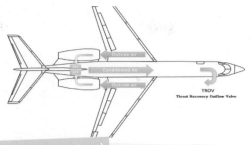

## 기내환기시스템(Environmental control system)

기내환기시스템에는 감염증 방어적인 측면에서 3가지 특징이 있다.
첫째, 기내 공기는 약 3분마다 환기된다. 단, 그중 50%는 재환기이다.
둘째, 기내의 공기는 위아래로 흐르며, 앞뒤나 옆으로는 흐르지 않는다.
셋째, 재환기되는 공기는 기내에 공급되기 전에 고성능 HEPA필터를 거쳐
가기 때문에 바이러스나 세균이 대부분 제거된다.

HEPA필터(High Efficiency Particulate Air Filter=고효율 입자공기 필터)란,
공기 중에서 먼지, 진애(dust, 塵埃 = 부유하는 미립자) 등을 없애고 청정공기로 만
드는 목적으로 사용하는 에어 필터. 공기청정기와 클린 룸의 메인 필터로 이용된다.
일반적으로 '정격 유량에서 직경 0.3㎛의 입자에 대해 99.97% 이상의 입자 포집률
을 갖고 초기 압력 손실이 245Pa 이하의 성능을 가진 에어 필터'로 규정되어 있다.
HEPA필터의 입자 포집효율을 한 단계 높인 ULPA필터도 있다.

### ④ 기내 소음(Noise)

기내에서도 항공기 엔진에 의한 소음이 있으나 기내
소음의 경우 좌석위치에 따라 달라지게 된다. 즉, 엔진
이 달려 있는 날개와 가까운 쪽일수록 항공기 엔진에 대
한 소음도가 높고 반대로 날개쪽과 멀어질수록 소음도
는 낮아진다. 하지만 꼬리 날개 쪽에도 APU라는 보조
발전기가 설치되어 있어서 적은 엔진 소음이 들리는 정
도로 생각하면 되고 따라서 꼬리 날개 쪽도 주 날개 쪽
보다는 적지만 다른 곳에 비해 소음도가 있는 편이다.
항공기가 비행 중 여러 가지 소음과 진동이 발생되나 방

음처리, 소음감소장치를 사용하여 객실 내로 직접 전달되지 않는다. 따라서 정상적인 대화를 나누기에 적절한 수준이나 만일 비행기 엔진소음과 공기마찰음이 그대로 승객에게 전달되면 어떨까? 아마도 몇 초 내 소음에 의한 효과로 모든 승객은 사망에 이르게 되지 않을까?

## 02 응급환자 발생 파악하기

☑ 운항 중 승객 가운데서 응급환자가 발생하면?

### 1. 상황판단(Assess the Situation)

기내에서 제일 처음 환자를 발견하거나 승객으로부터 접수받은 최초 승무원은 환자가 의식이 있을 경우 본인이 객실승무원임을 밝히고 환자승객의 상태를 파악한다.

환자 상태 파악 요령은

- 환자승객 안정
- 환자승객의 의식 및 호흡 확인
- 도움이 필요 여부 확인 후 동의
- 환자의 의학정보 습득 및 의사소견서 확인이다.

환자상태와 의학정보 습득에 도움을 주는 Medical Alert

Medical Alert는 환자의 신상, 병력, 혈액형 등 진료에 필요한 내용을 팔찌나 목걸이에 표시하여 의료진이 응급처치시 환자 과거병력/응급처치에 참고할 수 있게끔 만든 장식물이다. 최근엔 시계형 Medical Alert도 생산되고 있다.

☑ 1990~2015년 기내 다발질환 소개

 기내 다발 질환

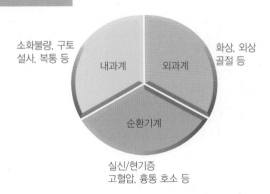

소화불량, 구토 설사, 복통 등 — 내과계
화상, 외상 골절 등 — 외과계
순환기계
실신/현기증 고혈압, 흉통 호소 등

그림의 표에서 보듯이 비행 중 기내에서 자주 발생하는 질환은

1. 화상, 외상, 골절
2. 실신, 현기증, 고혈압, 흉통 호소
3. 소화불량, 구토, 설사, 복통 등의 질환이며 항공사에서는 비행 중 회항(Divert), 긴급착륙(Emergency landing) 등 항공기의 비정상적인 운항을 유발할 수 있는 기내 응급환자의 발생을 줄이기 위해 상당한 노력을 기울이고 있다. 특히 현재 위중한 질병으로 인해 치료를 받고 있는 승객에게는 아래와 같은 서식을 항공기 탑승 전 작성하게 함으로써 환자승객과 항공사 간의 의료분쟁을 사전 예방할 수 있도록 하고 있다.

## ✈ 항공기 탑승 전 환자승객이 작성하는 서약서 및 의사소견서 샘플

### 서약서(Indemnity)

| 고객 인적 사항 | | | |
|---|---|---|---|
| 탑승일<br>Date | | | |
| 편명<br>FLT No. | | 목적지<br>Destination | |
| 성명<br>Name | | 서명<br>Sign | |
| 연령<br>Age | | 성별<br>Gender | 남 ☐　　여 ☐<br>Male　　Female |
| 사유<br>Health description | | | |

| 임신부 승객(해당자만 작성) | | | |
|---|---|---|---|
| 임신주수 및 상태<br>Gestational age &<br>Pregnancy | 주　　　　일<br>weeks　　days | 단태 ☐<br>Single | 다태 ☐<br>Multiple |

\* 37주(다태 임신 시 33주) 이상 임신부는 본인과 건강을 위해 탑승할 수 없습니다.
\* 37Weeks(33 weeks for multiple pregnancy)or more, air travel is prohibited for safety reasons.

현재 분만징후, 임신관련 합병증(예, 조기 양막 파열, 전치태반, 조기 진통 등)이 있을 경우, 의사 소견서 제출 및 탑승가능 여부 확인이 필요하며 안전한 항공여행에 적합하지 않을 경우 탑승 불가합니다.

If you are experiencing sign of labor or complications(ex. Premature rupture of membrane, placenta previa, preterm labor, etc), you must present a medical certificate. Air travel is not advised if you are not safe to fly.

본인은 본인(또는 위 승객)이 상기 항공편으로 여행하는 데 있어 항공운송 전, 항공운송 중 혹은 항공운송 후에 본인(또는 위 승객)의 건강 상태를 유해한 결과가 발생한다 하더라도 대한항공 및 대한항공의 직원, 보조자, 대리인에 대하여 일체의 책임을 묻지 않을 것입니다.
또한 본인(또는 위 승객)의 항공운송과 관련하여 발생하는 부수적 비용은 모두 본인이 부담할 것임을 확인하며 이로 인하여 대한항공 또는 제3자가 입은 일체의 손해를 배상할 것을 서약합니다.

I, the undersigned hereby, agree to fully indemnify and hold harmless Korean Air its officers, directors, agents and employees from and against any and all liabilities, damages, claims, lawsuits or judgments for any possible detrimental consequences on my (or the above passenger's) state of health which might occur before, during or after transportation by Korean Air arising out of or in connection with traveling by above flight.

The undersigned agrees that the undersigned shall bear any and all additional expenses and costs arising out of or in connection with the undersigned's(or the above passenger's) transportation and shall assume full responsibility for all damages which might be caused to Korean Air or any third party.

서약자 :　　　　　　　　　　　　　　　　　　　　서명
Signed(passenger–parent–guardian)　　　　　　　　Sign

주소
Address

연락처
Phone number

## 주치의 소견서(MEDIF : Medical Information Form)

담당 주치의 선생님께

항공 여행시 기내는 지상과는 다른 여러 환경으로 승객의 질환 악화나 예상치 못한 응급상황이 발생할 수 있어 아래와 같이 기내 환경에 대해 안내드리오니 참고하여 작성해 주시기 바랍니다.

※ 승객의 항공 여행에 있어 고려해야 할 사항

- 낮은 산소 분압 : 기내는 지상에 비해 약 25~30% 정도 낮은 산소 분압을 보입니다. 만약, 승객이 심장, 폐질환, 빈혈 등이 있는 경우에는 항공 여행 동안 기내 산소를 사용해야 하는지 함께 고려해 주시기 바랍니다.
  ex) 뇌졸중 발생 후 2주 이내, Hgb 9.5g/dl 미만 등에서는 기내 산소 필요

- 낮은 압력 : 항공기 이/착륙시 기내 압력은 변화될 수 있으며 가스 팽창 등으로 통증 유발 및 수술 부위에 영향을 줄 수 있습니다.
  ex) 주요 수술 10일 경과, 자연 기흉 완치 후 7일(외상성 기흉 완치 후 14일) 경과 후 탑승 권고

- 기류 변화 : 갑작스러운 기내 기류 변화 발생 및 이/착륙시 충격으로 인해 특히 척추 질환 등이 있는 경우 영향을 줄 수 있습니다.
  ex) 이/착륙시 좌석 등받이를 90도로 세우지 못하는 경우 Stretcher 이용 장시간 앉아 있기 어려운 경우 Stretcher, 상위 클래스(프레스티지 이상) 이용

- 전문 의료인 부재 : 객실승무원은 일반 승객에 대한 서비스에 지장을 줄 수 있는 환자 승객에 대한 특별한 도움을 제공할 수 없습니다. 또한, 응급처치 교육만 받으므로 주사, 약물 투여 등의 의료업무는 할 수 없음을 알려드립니다.

- 심부정맥 혈전증 : 좁은 좌석, 운동 부족, 낮은 습도 등으로 인해 암, 외상, 고령, 최근 수술력 등이 있는 승객은 심부정맥혈전증 발생가능성이 높으므로 항혈전 예방치료 필요 여부를 고려하여 주시기 바랍니다.

※ 이외 자세한 사항은 IATA Medical Manual 참고해 주시기 바랍니다.

○○ 항공의료센터

# 항공운송을 위한 의사 소견서(MEDIF : Medical Information Form)

| 1 환자 | 성명 | 나이 | 성별 M/F | 키 | 몸무게 |
| --- | --- | --- | --- | --- | --- |

**2 항공운송 사유**

☐ 의학적 목적(수술, 치료 등)　　☐ 여행(관광 등)　　☐ 기타 _____

※ 주증상 및 현병력에 대해 자세히 작성하여 주시기 바랍니다.

**3 진단명**　_____

　　_____

　a. 주증상　_____

　b. 현병력　_____　발병일 _____

　　_____

　　_____

　c. 치료　_____

　d. 최근 수술 여부　　　☐ 예　　☐ 아니오

　　　수술명 _____　시행일 _____

　　　수술 후 합병증 ☐ 예　　☐ 아니오　'예'라면, 구체적으로 _____

　e. 최근 입원치료 여부　　☐ 예　　☐ 아니오

　　　입원일 _____　퇴원일 _____　사유 _____

　f. 전염력　　　☐ 예　　☐ 아니오

**4 활력징후**　(BP-PR-RR-BT) _____

　의식상　☐ Alert　　☐ Droway　　☐ Stupor　　☐ Semi-coma　　☐ Coma

**5 기저질환**　☐ 예　　☐ 아니오　'예'라면, 구체적으로 _____

　　　승객의 기저질환 조절 여부　　　　　☐ 예　　　☐ 아니오

**6 정상 좌석 가능 여부**

　a. 스스로 거동 가능　　　　　　　☐ 예　　☐ 아니오

　b. 휠체어 필요 여부　　　　　☐ 예(☐ 항공기까지 ☐ 좌석까지)　☐ 아니오

　c. 필요한 좌석 형태　　　　☐ Economy class ☐ Prestige class ☐ Stretcher

　* Economy : 장시간 앉을 수 있고, 좌석등받이를 90도로 세울 수 있는 경우

　* Prestige class : 장시간 앉아 있기 어려우나, 필요시 좌석등받이를 90도로 세울 수 있는 경우

　* Stretcher : 좌석 등받이를 90도로 세울 수 있는 경우

**7 동반자 필요 여부**

　a. 항공기 여행시 동반자 필요 여부　☐ 예(☐ 의사 ☐ 간호사 ☐ 가족 ☐ 기타)　☐ 아니오

　b. 동반자가 환자에게 필요한 모든 도움 제공 가능 여부　　☐ 예　　☐ 아니오

**8 현재 의약품 사용 여부 (☐ 예, ☐ 아니오)**

　a. '예'라면,　　　　　　☐ 경구약 ☐ 정맥/근육 주사 ☐ 기타 _____

　b. 의약품 목록 _____

　c. 기내에서 환자 소지 의약품 사용 여부　☐ 예　　☐ 아니오

13 호흡기계 질환 (□ 예, □ 아니오)
- a. 최근 상태 악화 여부　　　　　□ 예　　□ 아니오
- b. 증상 없이 정상속도로 100미터를 걷거나 1층 계단을 오를 수 있는지 여부　□ 예　　□ 아니오
- c. 흉부 방사선 검사(X-ray, CT 등)　시행일 _____　결과 _____

14 부상 (□ 예, □ 아니오)
- a. 원인　　　　　　　　　　　□ 교통사고 □ 낙상 □ 화상 □ 기타 _____
- b. Traumatic brain injury　　　□ 예 □ 아니오 '예'라면, 구체적으로 _____
- c. Brain CT/MRI　　　　　　시행일 _____　결과 _____
- d. Internal organ injury　　　□ 예 □ 아니오 '예'라면, 구체적으로 _____
- e. Thoracic/Orthopedic injury(fracture)　□ 예 □ 아니오 '예'라면, 구체적으로 _____

15 정신과적 질환 (□ 예, □ 아니오)
- a. 기내에서 증상이 일어날 가능성　□ 예 □ 아니오
- b. 자해/타해 가능성　　　　　　□ 예 □ 아니오
- c. 복용약으로 조절가능 여부　　□ 예 □ 아니오

16 뇌전증(발작) (□ 예, □ 아니오)
- a. Seizure type　　　　　　　_____
- b. Frequency/Duration　　　　_____
- c. 마지막 seizure 발생일　　　_____
- d. 복용약으로 조절가능 여부　□ 예 □ 아니오

17 암 (□ 예, □ 아니오)
- a. 진단명, 병기(Stage)　　　　_____
- b. Chemotherapy/Radiotherapy 시행 여부 □ 예 □ 아니오 '예'라면, 시행일 _____
- c. 타 기관 전이 여부　　　　　□ 예 □ 아니오 '예'라면, 전이부위 _____
- d. 통증 조절 여부　　　　　　□ 예 □ 아니오 통증조절 방법 _____

18 DNAR(Do Not Attempt Resuscitation) (□ 예, □ 아니오)
'예'라면 Confirm letter 첨부바랍니다.

19 이상의 내용을 토대로 승객의 항공기 탑승 여부 적합성
　□ 적합 □ 부적합 '부적합'하다면 사유 _____
　기타 의견(호송시 주의사항 등) _____
　_____

동 양식은 ○○항공 의료진에 의해 검토되며, 필요시 추가 정보 확인을 위해 주치의께 연락할 수 있으니 연락 가능한 연락처를 작성해 주시기 바라며, 모든 항목을 빠짐없이 작성 부탁 드립니다.

| 주치의 | 성명 | 소속 병원 | 전문과 |
|---|---|---|---|
| | 전화번호 | E-mail | |
| | 서명 | 작성일 | |

## 2. 응급환자 보고(Report, Communicate and Coordinate)하기

제일 먼저 환자를 발견한 승무원은 각 항공사별로 규정된 비상신호 또는 구도로 주변 승무원의 도움을 요청하고 생명위협 상황인 경우 기장에게 먼저 통보하여 지상으로부터 의학적인 도움을 청하며 객실사무장/캐빈매니저는 즉시 의사호출 방송(Doctor Paging)을 실시하여 기내 의료진 탑승 여부를 확인한다. 의료인의 법적 범위는 의사, 한의사, 치과의사, 간호사, 조산사이다.

기내사망을 포함하여 응급환자 발생시 다음의 사항을 파악하여 기장/객실사무장, 캐빈매니저/지상연락처에 보고하도록 하여야 한다.

❶ 응급승객의 성명, 나이, 성별, 주소, 연락처 등 인적사항

❷ 승객의 증상

❸ 승객에게 의료행위를 한 기내 의료인의 인적사항

❹ 응급상황 발생장소, 시간, 비행구간, 당시 운항 및 객실상황

❺ 응급상황 전반에 관한 구체적인 진술

❻ 취식한 음식(소화기 계통 응급상황)

❼ 시간대별 조치사항 및 기내 의료장비 사용 여부

## 1차 Doctor Paging 기내의료진 호출 방송문

안내 말씀 드리겠습니다.

지금 기내에 응급환자가 발생했습니다.

손님 중에 의사 선생님이 계시면 저희 승무원에게 말씀해 주십시오.

Ladies and gentlemen.

We have a passenger in need of emergency medical care.

If there is a medical doctor on board,

Please contact one of our crew.

## 2차 Doctor Paging 기내의료진 호출 방송문 −Doctor가 없을 경우

다시 한 번 안내 말씀 드리겠습니다.

지금 기내에 응급환자가 발생해 도움을 필요로 하고 있습니다.

손님 중에 의료인, 응급구조사 계시면 승무원에게 말씀해 주십시오.

감사합니다.

Ladies and gentlemen

We have a passenger in need of emergency medical care.

If there is a medical doctor or other medical professional on board,

Please contact one of our crew.

2008~2010년까지 2년간 미국 5개 항공사의 국내선과 국제선 운항 자료 중 메디컬 센터에 보고된 총 7,198,118 비행에서 기내 닥터페이징(Doctor paging)은 11,920회로, 비행 604회당 1번이었다. 가장 흔한 증상은 Syncope(실신) 및 presyncope(37.4%), 호흡기 증상(12.1%), 오심 및 구토(9.5%)였으며 여기서 의사가 참여한 비율은 48.1%, 의사의 결정에 의한 비행기 회항은 7.3%이었다. 기내에서 발생한 환자의 25.8%는 비행기 착륙 후 병원으로 갔으며, 전체 환자의 8.6%가 입원했고 0.3%는 사망하였다. 입원의 주요 원인은 Stroke(뇌졸중)의증, 호흡인성, 심장인성이었다. 루프트한자 항공 같은 경우에는 '닥터스 온 보드'(Doctors on Board) 프로그램을 운영하고 있고 비행기를 탑승 전 체크인시 의사인 경우 항공회사에 등록을 해서 기내 응급 상황 발생시 진료를 하도록 하는 것이다.

# 응급환자
# **초기**
# 대응하기
## (First Aid)

Chapter

02

수행
준거

- 객실 서비스 및 객실 안전 규정에 따라 응급처치할
  수 있다.
- 객실 서비스 및 객실 안전 규정에 따라 환자의 응
  급상태를 확인하고, 탑승 의사와 의료진을 신속하
  게 찾을 수 있다.
- 객실 서비스 및 객실 안전 규정에 따라 응급치료
  장비를 탑승 의사의 협조를 구해 활용할 수 있도록
  조치할 수 있다.

# 응급환자
# **초기**
# 대응하기
## (First Aid)

비행 중 기내에서 응급환자가 발생하였을 경우 객실승무원이 우선적으로 취해야 할 단계별 행동원칙은 다음과 같으며 최소 2인 이상의 객실승무원이 가장 빠르고 효과적으로 행동을 취하여야 한다.

환자의 의식을 확인하고 필요하다고 생각되는 경우 환자승객을 항공기 바닥에 눕게 할 수 있으며 또한 환자의 활력징후와 반응이 전혀 없는 경우 지체 없이 CPR을 실시하여야 하고 다른 승무원은 심폐소생술에 필요한 호흡기 및 심장제세동기(AED)를 준비한다.

최초 응급환자를 발견한 승무원이 응급환자의 상태를 파악하고 있는 동안 도움요청을 접수한 승무원은 아래의 응급처치에 필요한 장비를 준비한다.

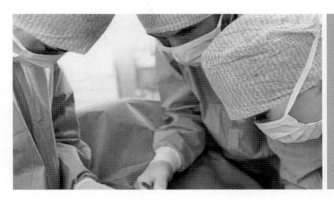

상황 판단
COMMUNICATION
ABC SURVEY
SECONDARY SURVEY

## 응급환자 발생시 즉시 준비되어야 할 응급장비

❶ EMK(Emergency Medical Kit) : 구급키트(기장의 허가 후 의사만 사용 가능)

❷ AED(Automatic External Defibrillator) : 심장제세동기

❸ FAK(First Aid Kit) : 간단한 구급키트(기장의 허가 후 승무원/의료진 사용 가능)

❹ Resuscitator bag : 응급환자 소생을 위한 구급장비 백(Bag)

❺ Oxygen bottles and mask : 산소통과 산소마스크

❻ Blood pressure gauge : 자동/수동 혈압계

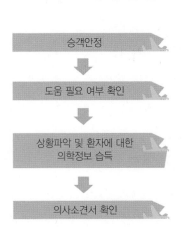

### 01 상황판단

| 승객안정 |
| 도움 필요 여부 확인 |
| 상황파악 및 환자에 대한 의학정보 습득 |
| 의사소견서 확인 |

### 02 Communication

| 도움요청 |
| 기장에게 통보 |
| 객실사무장/캐빈매니저 에 의한 닥터 페이징(Doctor Paging) 실시 |
| 지상 의료진과의 면밀한 의사소통 |

 ABC Servey

질병의 위급성 여부를 판단하기 위해 실시하는 응급처치 기초단계로서 기도 호흡, 심장운동을 확인하는 절차를 말한다. 객실승무원은 하단의 의식평가 결과에 의거 필요한 응급처치를 한다.

- A(Airway) : 기도는 유지되고 있는가?
- B(Brething) : 호흡은 하고 있는가?
- C(Circulation) : 심장은 뛰고 있는가?

기도(기관, Airway, Airduct)란?

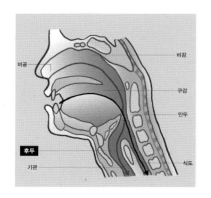

호흡에서 공기가 폐로 전달되기 위해 통하는 통로이다. 여러 근육의 작용으로 음식물이 기관으로 들어가는 것을 막는다. 보통 때는 열려 있다가 음식물을 삼킬 때는 기관을 닫아 보호한다.

## 04 Secondary Survey

발병 당시 환자의 상태가 위중하지는 않지만 방치하면 위급한 상황으로 진행될수 있는 질병을 미연에 방지하는 절차를 의미하며 다음 장에서 설명하기로 한다.

## 05 EMCS(Emergency Medical Call System)란?

항공기는 일반적으로 지상으로부터 약 1만 미터 정도의 고공을 날고 있으므로 비행 중 기내에서 응급환자가 발생하면 지상 대형병원의 응급실과 같은 적절한 의료진의 도움을 받기 힘들다. 또한 기내 의료진이 있더라도 응급환자의 증상과 일치하는 전공 의료진을 만나기 어려워 이러한 경우 조종실 기장의 도움을 얻어 지상에 대기하고 있는 의료진의 도움을 받는 절차를 말하며 현재 많은 항공사에서 기내 응급환자 처치에 상당한 효과를 거두고 있다.

국내 최대 규모의 항공의료전문기관인 대한항공 항공의료센터는 지난 1969년 대한항공 창립과 함께 설립됐다. 항공의료센터 산하 EMCS팀은 2008년 발족해 24시간 응급의료 지원체계를 운영하고 있다. 특히 이곳에서 근무 중인 응급의학과 전문의

대한항공 의료센터에서 EMCS를 이용하여 기내 응급환자를 진료하는 항공전문의 모습

는 기내 상황에 특화된 교육을 받은 '항공전문의'이며 항공전문의는 전국적으로 100여명에 불과한 '귀한' 인력이다.

2014년 3월 체코 여행 중 교통사고로 의식불명 상태에 빠진 채 비용 문제로 귀국하지 못하던 김효정(20·여) 씨가 대한항공의 지원으로 귀국했을 때 가장 큰 활약을 펼친 곳도 바로 EMCS팀이다. 즉, EMCS란 비행 중인 항공기에서 응급환자 발생시 지상과 연락할 수 있어 연계진료가 가능하도록 만든 시스템이다.

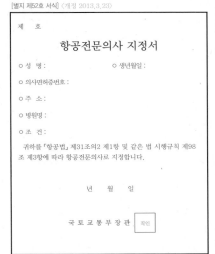

[별지 제52호 서식] 〈개정 2013.3.23〉

제 호

**항공전문의사 지정서**

○ 성 명 :                    ○ 생년월일 :

○ 의사면허증번호 :

○ 주 소 :

○ 병원명 :

○ 조 건 :

  귀하를 「항공법」 제31조의2 제1항 및 같은 법 시행규칙 제98조 제3항에 따라 항공전문의사로 지정합니다.

년    월    일

국 토 교 통 부 장 관  [직인]

210mm×297mm[일반용지 60g/m²(재활용품)]

## 1. EMCS에 연락을 해야 될 경우

❶ 비행 중 기내 응급환자 발생시 의료진이 탑승해 있지 않아 의사 진료가 불가능하거나 불충분할 때 또한 의료진이 탑승해 있더라도 전문적인 의학적 자문을 구하면서 진료가 필요한 경우

❷ 의료인이 탑승했더라도 전문의사가 아닌 의료인(치과의사, 한의사, 간호사, 조산사)이 EMK(Emergency Medical Kit) 안의 전문도구나 의약품을 사용하게 되는 경우

## 2. 의료인 탑승시라도 EMCS 연락이 필요한 경우

❶ 응급환자로 인한 비정상 상황(Divert, Return, 기내사망)이 예상되거나 발생된 경우

❷ 기내 의료인의 도움에도 불구하고 중증증상<sub>(흉통, 호흡곤란, 의식저하, 과다출혈, 극심한 통증 등)</sub>이 호전되지 않는 경우

❸ 기타 추가적으로 의학적 자문이 필요한 경우

❹ 기내 의료인의 전공분야가 응급환자 증상과 상이하여 EMCS 의사의 협진을 요청하는 경우

❺ 기내 의료인이 기내 의료기기에 대해 추가 정보를 요청하는 경우

## 3. EMCS 이용하기 전 준비해야 될 사항

지상 연계 원격 진료를 대비하여 환자 상태 파악 및 체크리스트 작성을 해야 하는데, 이때 환자의 체크리스트 작성을 위한 서류는 resuscitator bag 안에 있다.(항공사마다 탑재 장소가 다를 수 있음)

시간대별 응급환자 상태와 조치상황, 경과상황을 기록 유지한다.

- 승객 인적사항
- 성별, 나이
- 주된 통증호소 증상
- 승객의 의식상태 및 활력징후
- 산소사용 여부
- 승객 과거병력
- 사용 중인 약품명
- 도착시 필요한 의료지원 형태

 기내 응급처치장비

의료장비는 항공기 순항 중 응급환자와 일반환자 발생시 신속한 대처를 위해 탑재되며 종류에는 EMK, FAK, MEDICAL BAG, AED, RESUSITATOR BAG, UPK, 자동혈압계, 혈당측정기, 청진기 및 수동혈압계, 얼음찜질팩, 휴대용 산소통, 스트레처, ON BOARD WHEEL CHAIR 등이 있다.

❶ EMK(Emergency Medical Kit) : 응급환자 발생시 의료진에 의한 전문적이고 기술적인 치료를 위해 탑재되며 의료인만 사용할 수 있다. 기장에게 보고하고 사용해야 하며 기내에서 인정하는 의료인의 범위는 의사, 한의사, 치과의

사, 간호사, 조산사이다.

일명 반얀키트(Banyan Kit)라고도 한다. 지상에서 점검시 EMK의 정위치와 SEAL 상태를 점검하며 왕복 사용할 경우 대비해 2개가 탑재된다. 사용 전 기장에게 보고하여야 하고 사용 후 객실정비기록부에 기록한다.

> **내용물**
> 설명서/청진기/혈압계/인공기도/주사기/정맥주사용 카테터/항균소독포/의료장갑/도뇨관/수액세트/지혈대/거즈/반창고/외과용 마스크/탯줄집게/비수은 체온계/인공호흡용 마스크/펜라이트/아드레날린/항히스타민제/포도당/니트로글리세린/진통제/항경련제/기관지 확장제/진토제/아트로핀 주사액/이뇨제/부신피질 스테로이드/자궁수축제/생리식염수/아스피린이 들어 있다.

❷ **FAK**(First Aid Kit) : 일반적인 환자에 사용할 수 있는 구급상자로 좌석수에(50석당 1개) 비례해서 탑재되고 있으며 평상시에는 납땜 봉인 철사에 의해 봉인이 되어 있다.

지상에서 점검시 정위치와 수량, SEAL 상태를 점검하며 사용 전 기장에게 보고하여야 하고 사용 후 객실정비기록부에 기록한다.

> **내용물**
> 거즈용 붕대/화상치료거즈/멸균거즈/지혈압박용 거즈/부목/일회용 밴드/삼각건 및 안전핀/멸균면봉/베타딘스왑/반창고/상처봉합용 테이프/안대/체온계/인공호흡용 마스크/수술용 접착 테이프/일회용 의료장갑/손세정제/가위/핀셋/응급처치요령 설명서/암모니아 흡입제/타이레놀/멀미약/항진경제/점비액/항히스타민제/제산제/지사제가 들어 있다.

❸ MEDICAL BAG : 일정직급 이상의 객실승무원이 소지하고 있는 상비약이다.

**내용물**

소화제/정로환/일회용 밴드/화상처치용 연고/베타딘스왑/안티푸라민/인공눈물/타이레놀/항히스타민제/얼음주머니/멀미약/진통제 등이 들어 있다.

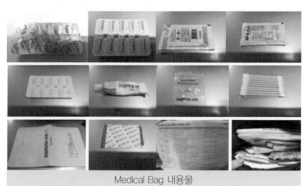

Medical Bag 내용물

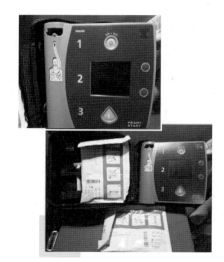

❹ AED (Automated External Defibrillator) : 호흡과 맥박이 없는 심장 질환 환자에게 전기충격을 주어 심장기능을 복구할 수 있도록 도와주는 의료기구이며 본체와 연결 접착면 그리고 가슴털을 제모할 수 있는 면도기로 구성되어 있다.

❺ RESUSCITATOR BAG : 인공호흡이 어렵거나 힘들 때 사용하는 기구로서 구조호흡기라고도 한다.

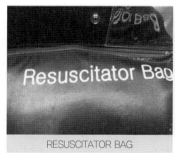

RESUSCITATOR BAG

엠부백 : AMBU BAG

**⑥ UPK**(Universal Precaution Kit, 감염예방을 위한 키트) : 환자의 체액이나 타액으로부터 오

염을 방지해 주는 장
비이다. 내용물 구성
은 마스크, 장갑, 가
운, 거즈 등이 포함
되어 있다.

Universal Precaution Kit

Biohazzard bag : 오염물 수거백

**⑦ 자동혈압계** : 기내 환자 발생시 환자
의 혈압을 자동으로 측정할 수 있는
의료기구이다.

자동혈압계 외관

자동혈압계
체온계와 함께 구비되어 있다.

**⑧ 혈당측정기** : 당뇨로 인한 합병증 및 당뇨환자의 응급처치시 환자의 혈당
을 측정하는 데 사용한다.

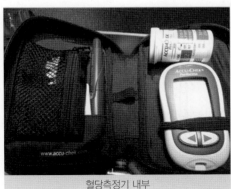
혈당측정기 내부

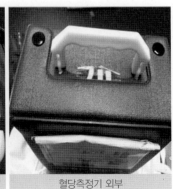
혈당측정기 외부

**⑨ 청진기와 혈압계** : 응급환자 발생시 환자의 정확한 혈
압을 측정하고 환자 신체 내부의 상태를 알아보기 위
해 의료진이 사용하며 일반적으로 수동혈압계가 자
동혈압계보다 정확도가 높다고 알려져 있다.

⑩ **얼음찜질 팩** : 화상이나 고열로 인해 응급조치가 필요할 때 화상환자의 화기를 빼내고 고열환자의 체열을 낮추는 데 사용한다.

⑪ **휴대용 산소통**(Po2) : 기내 응급환자 발생시 산소가 필요할 경우 제공하는 휴대용 산소통이며 고압(4리터/분), 저압(2리터/분)으로 공급할 수 있다. 항공기 내 탑재되는 휴대용 산소통의 산소마스크는 항상 고압(4리터/분) 분출구에 끼워져 있으니 참고하도록 하자.

휴대용산소통(Portable Oxygen Bottle)은 비상사태 및 기내응급환자의 응급처치를 목적으로 승객에게 산소를 공급하기 탑재한다.

Po2 사용법은 아래와 같다.

① 산소마스크의 튜브 fitting이 산소분출구(outlet)에 잘 고정되어 있는지 확인한다.

② 헤드 부분의 레버를 반 시계방향으로 돌려 산소가 공급되도록 한다.

③ 산소마스크를 응급환자의 코와 입에 댄다.

④ 산소마스크의 고무밴드를 이용하여 환자의 머리에 고정시킨다.

⑤ 산소의 흐름을 계속 확인하며 호흡한다.

Po2 사용 시 유의점

① HI 로 공급 시 1분간 4리터의 흐름으로 최대 77분까지 공급된다.

② LO 로 공급 시 1분간 2리터의 흐름으로 최대 154분까지 공급된다.

③ 탱크 안의 산소가 완전히 소진될 때까지 사용하면 안 된다.

④ 산소마스크는 항상 HI Outlet에 연결되어 있으니 유의한다.

⑤ 화기가 있는 곳은 사용하지 않는다.

⑫ **스트레처**(STRETCHER) : 움직일 수 없는 환자의 이동에 사용되는 이송용 침대이며 일반석 6석을 이용하여 장착한다. STRETCHER를 이용하는 승객은 항상 보호자나 의료진을 동반하여야 하며 환자를 기내 기장착된 STRETCHER에 뉘일 때에는 항상 머리가 항공기 앞쪽으로 향할 수 있도록 해야 하며 환자의 프라이버시 보호를 위해 커튼을 사용할 수 있다.

현재 기내장착용 스트레처 / 차세대 신형항공기의 스트레처

중환자(stretcher) 부상 환자, 수술 환자 또는 여행 중 산소호흡기, 항공침대(Airplane stretcher) 등 특수의료기기가 필요한 승객의 경우 혼자 좌석에 앉아 탑승할 수 없으므로 추가로 6좌석을 구매해야 하는데 별도로 항공사에서 특수 침대를 설치하여 누워서 비행하게 되므로 이러한 경우 보호자 1인이 반드시 동반하여야 하며 환자의 상태에 따라 필요시 의료인 1인이 동반되어야 한다.

환자 수송을 위해서는 환자의 건강상태 등을 감안하여 항공사의 사전 승인이 필요하므로 최소한 출발일 7일 이전까지 예약하고 도착지에서 앰블런스가 필요한 경우 사전에 준비하는데 경비는 환자 부담으로 환자 1인의 운임은 국제선의 경우 성인 정상 운임의 6배이며 동반 보호자 및 의료인의 운임은 별도이다.

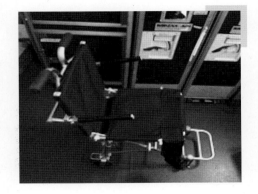

⑬ **On Board Wheelchair** : 지상에서 사용하는 휠체어는 기내 복도가 좁아 진입이 불가하여 기내에서 사용할 수 있도록 특수제작된 조립식 휠체어로서 모든 비행기에 장착되어 있다.

## 기내 응급환자 초기대응 처치 FLOW

다음의 그림은 기내 응급환자 발생시 초기대응 처치와 응급처치 Flow chart를 알기 쉽도록 만든 것이다. 응급환자의 발생/최초 발견 승무원/도움요청받은 승무원/응급처치장비 준비/의료인 탑승 여부/응급처치 협조 및 EMCS 연락까지 학습할 수 있도록 자세히 설명해 놓았으니 참고하기 바란다.

### 응급환자 대응절차

"기내 응급환자 대응절차는 Teamwork를 바탕으로 동시 다발적으로 이루어져야 한다."

**응급환자 발생**

**최초 환자 발견 승무원**

- 도움 요청
- 환자 상태 파악 및 의학정보 수집(병력, 소지의약품, 의사소견서, Medical Alert Emblem)
- 응급처치 실시(뒷면 참고)

**도움 요청받은 승무원**

- 기장 보고 및 Doctor Paging 실시

Doctor Paging 시
① '의사' 또는 'Medical Doctor' 용어 사용 후, 부재시
② '의료인, 응급구조사' 또는 Medical Professional' 용어 사용

- 응급처치장비 준비 (EMK, FAK, AED, Resuscitator Bag, UPX, PO₂, 자동혈압계 등)
- 환자 발견 승무원을 도와 응급처치 실시
- EMCS 원격 진료를 대비하여, '승객 건강상태 Check List' 작성(Resuscitator Bag/Medical Bag 내 위치)
- 시간대별 조치사항 기록 유지

※ 응급처치, 기장 보고, 의료장비 전달 역할을 구분하여 조직적으로 상호 협조
※ 환자 주위에 다른 승객의 불필요한 접근 제지
※ 환자(무의식 환자 포함), 주변 승객, 언론인 앞에서 환자 상태 언급하지 않음
※ 의료인의 법적 범위
  : 의사, 한의사, 치과의사, 간호사, 조산사

**의료인 탑승** — YES / NO

경한 증상/질병으로 승무원이 응급처치를 하는 경우라도 추가적인 의학적 자문 필요

**응급처치 협조**
- 의료인임을 입증할 수 있는 신분증명서 또는 명함 확인(의사임을 입증할 수 없을 경우 기장 보고 후 지시 따름)
- 의료인에게 기내 탑재 의료장비 및 약품 제공
- 응급처치 보조

**※ 의료인 탑승시라도 EMCS 연락이 필요한 경우**
- 응급환자로 인한 비정상 상황(Diversion, Ruturn, 기내사망)이 예상 또는 발생되는 경우
- 기내 의료인의 도움에도 불구하고 중증 증상(흉통, 호흡곤란, 의식저하, 과다출혈, 극심한 통증 등)이 호전되지 않는 경우
- 기타 추가적으로 의학적 자문이 필요한 경우 EMCS에 연락(아래 예 참고)
  · 기내 의료인의 의학적 처치가 미비하거나 기내 의료기기 사용이 익숙하지 않다고 판단되는 경우
  · 기내 의료인의 전공분야가 응급환자 증상과 상이하여 EMCS 의사의 협진을 요청하는 경우
  · 기내 의료인이 기내 의료기기에 대해 추가 정보를 요청하는 경우 등

**EMCS(응급 의료 콜 시스템) 의학적 자문 요청**
- 정상근무시간(08:30~17:30)
- 정상근무 외 시간 응급업무

〈EMCS 통보 사항〉
- 승객 인적사항(성별, 나이 포함)
- 주 호소 증상
- 승객 의식상태 및 활력징후, 산소 사용 여부
- 승객 과거병력, 사용 중인 약품명
- 도착시 필요한 의료지원 형태

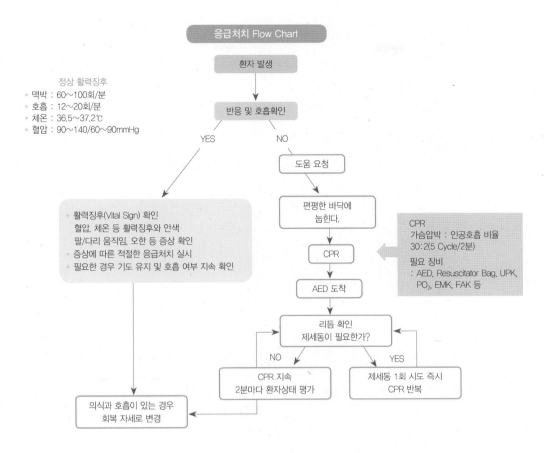

정상 활력징후
- 맥박 : 60~100회/분
- 호흡 : 12~20회/분
- 체온 : 36.5~37.2℃
- 혈압 : 90~140/60~90mmHg

응급처치 Flow Chart

환자 발생

반응 및 호흡확인

YES     NO

도움 요청

편평한 바닥에 눕힌다.

CPR

AED 도착

CPR
가슴압박 : 인공호흡 비율
30:2(5 Cycle/2분)

필요 장비
: AED, Resuscitator Bag, UPK,
PO₂, EMK, FAK 등

활력징후(Vital Sign) 확인
혈압, 체온 등 활력징후와 안색
팔/다리 움직임, 오한 등 증상 확인
- 증상에 따른 적절한 응급처치 실시
- 필요한 경우 기도 유지 및 호흡 여부 지속 확인

리듬 확인
제세동이 필요한가?

NO     YES

CPR 지속
2분마다 환자상태 평가

제세동 1회 시도 즉시
CPR 반복

의식과 호흡이 있는 경우
회복 자세로 변경

## 08 기내 응급환자 초기대응 기본원칙

❶ 기내 환자승객이 생명이 위독한 비상사태인지, 그렇지 않은 상태인지에
대한 정확한 판단

❷ 조직적인 상호 협조(응급처치, 기장보고, 의료장비전달의 역할구분)

❸ 승객안정 및 적합한 자세를 취하도록 한다.

❹ 불필요한 사람의 접근 금지

❺ 승객이 자신의 병이나 상처에 대한 표현 청취

❻ 객실 내 적절한 공간 확보

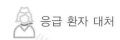 

⑦ 객실승무원에 의한 수액 및 정맥, 근육, 혈관주사(Injection) 금지

⑧ 승객이 요청하기 전 약품제공 금지 및 약품의 부작용 파악

⑨ 환자의 과거병력 확인(Doctor's referral form 확인)

 Doctor's referral form 예시

Pastoral Report Form #6

Hospital : 8 Long
Chaplain: Jay Park
Date: 12-20-2004
Supervisor: Rev. Rodney Seeger

Date of Interview: 12/20/04 Visit#1 Report#6
Length of Visit: I hour   Time of Visit: 19:20 P.M.
Patient Initials: EG Age: 55   Gender: F
Religious Preference: Christian First (Catholic Church)
Referred By: Doctor
Diagnosis or Presenting Problem: Breast Cancer patient (Fear of death)

Request   This patient was referred by a doctor last night. She thought that chaplain's visit might be helpful to relieve and comfort patient's anxiety and fear of death. In fact, this patient has been struggling with her breast cancer and just transferred to UCSF from Nophill health care center a couple days ago. Patient's nurse also told me that this patient has 'short term memory loss' in her brain and seemed to be quite emotionally and mentally confused due to her disease. While visiting her, patient kept asking me favors to do something. I wish that I could share prayers and hear her feelings, but I had to deal with her errands either by accepting or declining her requests. My request here is that I'd like to receive advice or suggestion what I should have done for the patient or what would be better idea to support and comfort her so that she felt better in this situation.

⑩ 응급처치 중 혈압, 맥박, 호흡, 활력징후를 파악하여 실시간으로 보고

⑪ Doctor Paging 실시

⑫ 지상 항공병원과의 연락체계 확보(EMCS-Emergency Medical Call System)

대형항공사별로 24시간 운영되며 기내 응급환자 발생 시 기내 의사 진료가 불가능할 때 지상에 연락하여 원격진료를 실시할 수 있고 의사가 진료 할 때도 자문이 필요할 경우 연락 가능하다.

⑬ 주변 목격한 승객의 목격자 진술 확보

⑭ 응급상황 발생시 책임 및 보상문제에 대한 언급 금지

## 09 응급처치 중 감염예방

응급환자 승객 중에는 감염성 질환을 가지고 있는 경우가 있을 수 있으므로 기내에서 응급조치를 해야 할 경우 환자와 주변 승객 그리고 승무원의 감염 위험성을 줄이기 위해 아래와 같은 예방책을 실시한다.

- 환자의 체액과 직접적인 접촉을 피하기 위해 기내 의료기기 중 일회용 장갑, 안면과 눈을 보호하기 위한 마스크, 보호용 가운, 오물 처리를 위한 도구, 린넨, 냅킨 등을 사용할 수 있다.

- 환자의 혈액이나 체액을 직접적으로 접촉하게 될 경우에는 반드시 일회용 의료장갑을 착용하고 UPK(Universal Precaution Kit) 내 액체응고제와 파우더, 오물처리를 위한 도구를 이용하여 환자의 체액을 처리해야 한다.

- 특히 환자의 혈액, 상처와 짓무른 부위가 승무원의 입이나 피부에 닿지 않도록 해야 한다.

- 환자의 혈액, 체액이 묻은 경우 비누로 접촉부위를 깨끗이 씻고 알코올로 소독한다.

- 사용한 주사바늘에 찔리거나 노출된 경우 신속히 승객 병력을 확인하고 도착 후 의료센터의 조치를 받아야 한다.

- 고열, 지속적 기침, 지속적 설사 또는 토하거나 호흡곤란, 출혈, 피부발진 중 한 가지 이상의 증세를 보이는 승객이나 승무원이 있을 때에는 감염병 여부를 의심할 수 있다.

- 환자 기침시 마스크를 착용하도록 하고 마스크가 없거나 호흡이 어렵다면 코와 입을 가리도록 티슈를 제공하고 나중에 따로 수거하여 비닐에 모아 놓는다.
- 동반 승객이 있는 경우 같은 증상이 있는지 물어보고 환자 승객의 앞, 뒤 3 열 승객의 연락처를 확보한다.

## 10 승객 건강상태 체크리스트 (기내 비치)

기내에 의료기기와 함께 비치된 승객 건강상태 체크리스트는 응급환자 초기 대응시 환자의 상태를 기록하기 위한 문서로서 환자의 인적사항, 의식상태, 현재증상, 활력징후, 기저질환, 최근 입원 유무, 소지약품, 조치한 내용, 기내 의

### ✈ 승객 건강상태 CHECK LIST

본 양식은 기내 응급환자 발생시 건강상태를 확인할 수 있는 CHECK LIST로, EMCS 의 의학적 도움이 필요한 경우 아래 사항을 작성 후 유선 연락바랍니다.

| 운항정보 | FLT NO :    구간 : |
|---|---|
| | 총 비행시간 :    hr   min 도착잔여시간 :   hr   min |
| 인적사항 | 성명 : 나이 :   성별 : M/F 국적/인종 : |
| 의식상태 | □ A(Awake)      □ V(Voice)   □ P(Pain) □ U(Unnesponsive) |
| 현재<br>주 증상 | 호흡 □ 호흡곤란 □ 기침    □ 가래     □ 청색증 |
| | 순환 □ 흉통    □ 두근거림 □ 창백 □ 식은땀 □ 부종 □ 실신 |
| | 소화 □ 구역/구토 □ 설사    □ 복통    □ 토혈    □ 혈변 |
| | 기분 □ 우울감   □ 불안/공포감 |
| | 심경 □ 어지럼증 □ 마비/통증 (부위/정도 :        ) |
| | 기타 (                  ) |
| 활력징후 | 혈압 :    /    mmHg     맥박 :        회/분 |
| | 호흡 :      회/분    체온 :       ℃ |
| 기저질환 | 무 □ 고혈압   □ 당뇨 □ 심장질환 □ 폐질환 □ 뇌혈관질환 |
| | □ 암     등 기타질환 |
| 최근 입원<br>/수술경험 | □ 무 입원(시기 :       사유 :       ) |
| | □ 수술(시기 :    수술명 :       ) |
| 소지 약품 | □무 □ 경구약   □ 청력/근육주사   □ 기타 |
| | 약품명 (                ) |
| 현 처치 내용 | □무 CPR AED 산소공급 투약 DRESSING |
| | □ 기타(              ) |
| 기내 의료진 | □무 □ 의사    □ 치과의사 □ 한의사 □ 간호사 □ 조산사 |
| | □ 기타(            ) |
| 동반자 | □무 □ 가족    □ 의사     □ 간호사 □ 기타(      ) |
| 진단서 소지 | □무 □ 유(상세히 :            ) |

료진여부, 동반자 등을 기록하여 기내응급환자의 상태를 육안으로 볼 수 없는 지상과 연락시 정확한 환자의 상태를 파악할 수 있게끔 하는 문서이다. 따라서 승무원은 '승객 건강상태 체크리스트'를 휴대하고 정확히 기록한 다음 연락하도록 해야 하며 이 문서는 메디컬 리포트(Medical Report)로서의 효력이 있다. (항공기 내에만 비치되어 있고 지상에는 없는 문서이다)

 ## 11 사진으로 이해하는 기내 응급환자 대처상황

객실브리핑시 응급환자 대처설명　응급장비 점검 1　응급장비 점검 2　비행기 이륙

기내 환자 발생　도움 요청　심폐소생술 실시　의사 paging　의사 paging 방송

기장에게 보고　객실 응급장비 준비 : FAK, EMK, 자동혈압계, 구조호흡장비

객실 응급장비 준비 : 혈당측정기, AED, 메디컬 키트, 휴대용 산소통　의사 등장

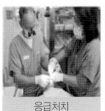

| | | | | |
|---|---|---|---|---|
| 응급처치 | 응급처치 절차 | 환자위중시 긴급회항 준비 | 긴급회항 | 긴급착륙 |

| | | | | |
|---|---|---|---|---|
| 항공기 도착 | 환자 하기 준비 | 환자 하기 | 구급차로 이송 | 객실정비기록부 기록 |

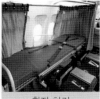

| | | |
|---|---|---|
| 객실사무장 신송사항에 기록 | 객실 정비사와 협의 | 회사 보고서 제출 |

## 기내 응급환자 발생시 항공기 기종별 비상신호

모든 승무원은 비상신호를 듣는 즉시 가까운 곳의 핸드셋을 들고 자신의 위치를 말한 후 발신자로부터 비상상황을 듣거나 응급환자 발생, 긴급사태 발생 등 현재 자신의 상황을 전달해야 한다.

| 기종 | 발신방법 |
|---|---|
| A380 | 핸드셋(인터폰)의 'EMER'을 1초 이상 누른다. |
| B747/777 | 핸드셋(인터폰)의 번호 '5'를 2회 누른다. |
| A330 | 핸드셋(인터폰)의 'PRIO CAPT' 버튼을 누른다. |
| B737 | 핸드셋(인터폰)의 번호 '2'를 3회 누른다. |

Chapter

03

응급환자
**후속관리**
하기
(Secondary Survey)

1. 응급환자 후속관리 절차

2. 응급환자 생명 위독한 상태

- 응급환자 대응매뉴얼에 따라 응급환자 상태가 악화되지 않도록 관리할 수 있다.
- 응급환자 발생에 따라 일반 탑승자의 쾌적한 여행이 방해되지 않도록 조치할 수 있다.
- 착륙 후 응급환자 대응매뉴얼에 따라 공항과의 협조체제가 순조롭게 진행될 수 있게 조치할 수 있다.

# 응급환자
# 후속관리
# 하기
## (Secondary Survey)

 01  응급환자 후속관리 절차

Secondary Survey란 발병 당시 응급환자의 상태가 위급하지는 않으나 적절한 의학적 조치 없이 방치될 경우 심각한 상황으로 진행될 수 있는 질병이나 부상에 있어서 그 악화 가능성을 미연에 방지하기 위한 절차를 의미한다.

절차는 아래와 같다.

① 응급환자와 주변 승객들과 면담한다.

② 응급환자의 활력징후 및 피부색 변화를 주의깊게 관찰한다.

③ 응급환자의 상처, 질병, 건강상태를 계속해서 확인한다.

④ 응급처치 내용을 순서별로 기록한다.

☑ **활력징후**(Vital sign)**란?**

활력징후란 응급환자의 맥박, 호흡, 혈압 등의 4가지 사항을 의미하며 응급처치를 실시하는 동안 활력징후와 피부색의 변화는 반드시 관찰되어야 하는 사항이다. 아래 표를 유심히 보고 정상수치를 벗어난 경우 주변의 승무원에게 전파하고 증상에 맞는 응급처치를 즉각 실시하여야 한다.

| 활력징후(Vital sign) | 비정상 상황 |
|---|---|
| 맥박-정상 : 60~100회/분 | 정상보다 빠르거나 느리고 약하거나 불규칙하다. |
| 호흡-정상 : 12~20회/분 | 정상보다 빠르거나 느리고 얕거나 거칠고 힘들게 숨을 쉰다. |
| 체온-정상 : 36.5~37.2도 | 정상보다 높거나 낮다. |
| 혈압-정상 : 90~140/60~90mmHg | 정상보다 높거나 낮다. |

 **02  응급환자 생명 위독한 상태**

환자승객이 의식과 호흡이 전혀 없을 경우 의료진이 나타날 때까지 지체 없이 CPR을 실시하고 AED를 사용하며 객실사무장/캐빈매니저는 EMCS(Emergency Medical Contact System)를 통하여 지상에 통보한다.

**기내사망**

장거리 비행 후 탑승한 승객이 모두 건강한 상태로 하기하는 모습을 보면 객

남여 자연사 원인 비교

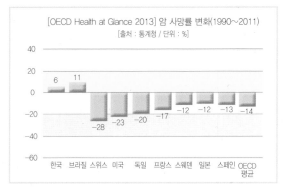

[OECD Health at Glance 2013] 암 사망률 변화(1990~2011)
[출처 : 통계청 / 단위 : %]

실승무원으로서 뿌듯한 보람을 느낄 수 있다. 하지만 안타깝게도 매년 운항중인 항공기 내에서 운명을 달리하는 내외국인 승객이 있어 탑승한 모든 승객과 승무원의 마음을 아프게 하고 있다. 이러한 기내사망 사례가 발생하지 않는 것이 최선이지만 만일 우리가 탑승근무하고 있는 항공기내에서 승객이 사망했을 때 과연 어떻게 조치하여야 할까?

모두가 궁금해 하는 사항이 아닐 수 없다.

이제 실제로 항공사에서 적용되는 규정을 보면서 사망한 승객의 사후처리 방법을 알아보도록 하자.

● 국제보건규정(IHR : International Health Regulation)에 의해 항공기에서 발생한 모

든 질병 및 사망에 대해서 입국 전 조종실
Radio를 통해 보고하며 G/D에 상기 사항
을 기록한다.

기내 사망한 승객을 어디다 모실까?

- 승객에 대한 사망선고는 의사, 치과의사,
  한의사만 가능하다.
  – 의료진에 의해 사망이 선고되면 해당
  의료인과 항공사의 합의에 의해 목적지
  까지 비행할 수 있으며 사망승객이 발생
  한 상황에서 다른 나라로 입국시 가능한 빨리 현지국가의 보건기관에 통
  보하여야 한다.
- 비행 중 사망자 발생시 기장에게 선보고한다.
- 좌석벨트로 단단히 묶고 담요로 덮어 둔다. 단, 사망승객이 좌석에 있지
  않았던 상황 이외에는 그 승객을 옮기지 않는다.
- 가능한 한 주변의 승객들을 객실 내 다른 지역으로 옮긴다. 항공기 객실에
  는 사망한 승객을 모실 마땅한 공간이 없기 때문에 어쩔 수 없이 일반 승객
  이 거주하는 공간에 함께 있을 수밖에 없다. 하지만 일반적으로 기내 사망
  승객은 일반 승객과 어느 정도 격리해서 모시고 있다.
- 다른 승객에게 전파 금지한다.
- 도착 후 현지 의료인에 의해 허락을 받을 때까지 사망승객을 이동해서는
  안 된다. 사망자의 개인유품은 도착지 직원에게 인계하도록 한다.
- 사망환자에 대한 성별, 나이, 증상, 출
  발지, 취식한 음식을 기록한다.
- 기내 의료진이 없거나 의료진에 의해
  사망선고가 안 되었을 경우 CPR 등 적
  절한 응급조치를 계속 실시한다.
- 기내에서 갑자스럽게 생명이 위독해지
  는 경우 다행히 승객이 생존해 있는 동

안 항공기가 인근공항으로 긴급회항을 하면 바람직하지만 회항 전 기내에서 사망한 승객이 발생했을 경우 항공기는 목적지로 가야 하나? 아니면 주변의 인근공항으로 회항해야 되나? 답은 목적지로 비행할 수도 있고 인근공항으로 회항할 수도 있다. 최종 결정은 객실의 모든 상황을 고려하여 기장이 내려야 한다.

● 항공사에서는 기내 사망이 예상되는 정도의 심각한 질병을 가지고 있는 승객에게는 의사진료확인서를 요구한다. 이는 나중에 사망의 경위를 두고 발생하는 소송을 방지하기 위함이다.

☑ **응급환자 운송 위한 기내설비**(스트레처)

- B737 포함 전기종 장착 가능
- STCR 승객인 경우 반드시 1인 동반
- 6좌석 연결하여 장착
- 커튼을 이용하여 환자의 Privacy 보호

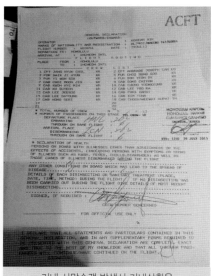

기내 사망승객 발생시 기내상황을
반드시 적어야 하는 G/D(General declaration)

Chapter

04

메르스, 신종플루, H1N1,
H3N2(홍콩독감), 에볼라 등

# 기내 1차 감염
## 의심증상이
## 있을 시
## 대처방법

메르스, 신종플루, H1N1,
H3N2(홍콩독감), 에볼라 등

# 기내 1차 감염
## 의심증상이
## 있을 시
## 대처방법

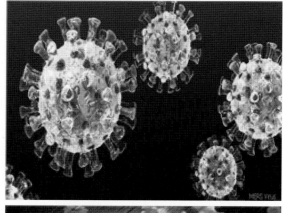

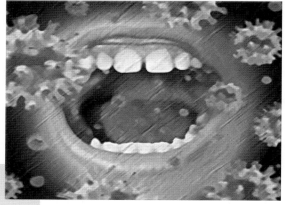

승객이 고열, 지속적인 기침, 설사, 구토, 호흡곤란, 출혈, 피부발진, AIDS, C형 간염, B형 간염 등의 증상이 있을 경우 다음과 같이 처리한다.

2015년 4~7월 4개월 동안 대한민국에서 메르스(Mers) 확산과 병원감염에 한 차례 큰 문제를 겪었던 기억이 있다. 항공기도 안전한 장소는 아니나 지상에 비해 비교적 환기 및 살균이 잘 되어 있는 장소이고 항공사 객실승무원들의 철저한 위생교육/조치 덕분에 항공기에서의 감염은 문제가 되지 않았으나 혹시 모를 미래의 감염병 확산에 더욱 경각심을 가져야 할 것이다.

2015년 6월 26일 MERS 환자 K씨[44]가 아시아나항공에 탑승하여 홍콩으로 출국했을 때 승무원과 주위에 앉아 있던 탑승객들은 어떻게 되었을까?

당시 격리 조치된 6명의 승무원과 28명의 근접 탑승객 중에서 메르스 확진판정을 받은 사람은 나오지 않았다. 일본의 우주항공 환경의학회 학회지 Vol. 45, No. 4,(2008)에 보고된 항공기 내에서의 감염사례(In-flight transmission of infectious diseases) 보고서 내용을 보면 수긍이 간다.

### ▲ 비행 중 기내감염 사례

### ❶ 인플루엔자

출발 항공기가 지연되면서 기내환기시스템이 정지된 상태에서 수 시간 동안 한 명의 인플루엔자 환자로부터 기내에 앉아 있던 승객의 72%가 감염되었다. 이는 1979년의 일로, 현재와는 달리 기내환기시스템 자체가 상당히 뒤떨어진 상태이었다.

### ❷ 중증급성호흡기 증후군(SARS)

SARS가 유행하던 시기에 40편의 항공기에 SARS 의심환자가 탑승했다. 그 중에서 5편에서 총 37명이 기내 감염되었다. 대부분의 감염자가 환자의 앞뒤 좌석에 앉아 있던 승객이었다. 그러나 공항에서 체온검사 등 검역 강화 후는 기내 감염사례는 전혀 발생하지 않았다.

### ❸ 홍역

1997년부터 2004년 동안, 감염성을 지닌 117명의 홍역환자가 기내에 탑승했다. 동승한 10,000명 중 오직 4명만이 기내 감염을 일으켰다.

이 밖에 결핵 환자가 탑승한 기내에서, 같은 구역에 앉아 있던 승객이 불현성감염 (symptomless infection = 감염되었

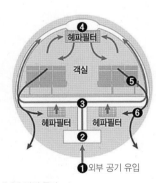

❶외부 공기 유입
② 냉난방 장치 통과
③ 객실 바깥에 있는 관을 통해 위로 올라감
④ 헤파필터 통과          ⑤ 객실 밖으로 배출
⑥ 절반은 헤타필터 통해 다시 기내로 절반은 기내 밖으로 배출
자료: 대한항공

항공기 내 공기 순환 시스템

지만 병이 발생하지 않는 감염)을 일으킨 보고가 있다.

또한 독감 사례 이외에는 기내의 강력 환기시스템은 통상적으로 작동하고 있었다.

❹ 중국 우한발 폐렴(新種 coronavirus ,WHO 명칭 2019-nCoV,신종 코로나 바이러스)

2020년 1월 현재 중국 우한의 어시장에서 출현된 폐렴 바이러스가 전 세계로 퍼지고 있다. 아직까지 기내감염사례는 발견되지 않고 있으며 이는 항공기 기내는 강력한 공기순환 시스템이 작동하고 있기 때문이다.

▲ 기내환기시스템(Environmental control system)

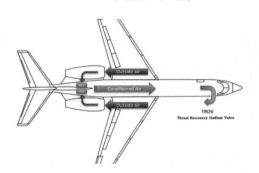

기내환기시스템에는 감염증 방어적인 측면에서 3가지 특징이 있다.

첫째, 기내 공기는 약 3분마다 환기된다. 단 그 중 50%는 재환기이다.

둘째, 기내의 공기는 위아래로 흐르며, 앞뒤나 옆으로는 흐르지 않는다.

셋째, 재 환기되는 공기는 기내에 공급되기 전에 고성능 HEPA필터를 거쳐가기 때문에 바이러스나 세균이 완벽하게 제거된다.

### HEPA필터(High Efficiency Particulate Air Filter=고 효율입자 공기필터)란

공기중 에서 먼지, 진애(dust, 塵埃 = 부유하는 미립자) 등을 없애고 청정공기로 만드는 목적으로 사용하는 에어필터. 공기청정기와 클린 룸의 메인필터로 이용된다. 일반적으로 '정격 유량에서 직경 $0.3\mu m$의 입자에 대해 99.97% 이상의 입자 포집율을 갖고 초기 압력 손실이 245Pa 이하의 성능을 가진 에어 필터'로 규정되어 있다. HEPA필터의 입자 포집 효율을 한 단계 높인 ULPA필터도 있다.

"항공기 운항 고도인 9000~1만m 상공의 공기는 섭씨 영하 50도로 매우 차갑고 건조한 무균(無菌) 상태다. 이 외부 공기가 엔진 압축기를 통과하며 섭씨 영상 200도까지 가열돼 멸균(滅菌) 상태가 된다. 압축 공기는 오존 정화장치를 통과한 뒤 공기 중의 바이러스까지 걸러내는 헤파필터를 거치며 다시 한 번 여과된다. 이렇게 여과된 공기는 기내 위쪽 선반의 흡입구로 유입되고 기내 아래쪽에 있는 배출구로 배출되는 과정을 반복한다."

### ▲ 기내에서의 대책

과거의 감염사례에서 보듯, 통상 비행 중인 기내에서 감염증에 전염될 확률은 적다. 기내감염 사례는, 주로 감염자로부터 근거리에 앉은 승객들이며, 신종플루, 중국 우한폐렴도 비말 감염(droplet infection, 飛沫感染 = 사람과 사람이 접근하여 생기는 공기매개감염), 접촉 감염이 주된 감염 경로로 알려져 있기 때문에 기내에서는 손 씻기와 입 헹구기를 하고, 마스크를 준비하는 등의 대책이 중요하다. 또, 탑승 전후의 감염을 의심하는 경우도 보고되고 있으며, 기내뿐만 아니라 시내에서 공항까지 및 공항 내에서 이동할 때 가능한 한 다른 사람과 거리를 유지하는 것도 중요하다.

문제는 항공기가 운항 중일 때는 기내 강력환기 시스템이 작동하여 아무런 문제가 발생하지 않지만, 지상에 머물고 있을 때, 즉 '탑승대기지역 → 탑승교 → 기내이동 → 착석 및 대기 → 출발 및 이륙', 그리고 도착해서 항공기에서 빠져나갈 때까지는 기내환기시스템이 제대로 작동하지 않기 때문에 약간의 위험성이 도사리고 있다. 그래서 얇은 장갑과 마스크는 필수품일 수도 있다고 생각한다.

비행 전, 중, 후 탑승한 승객이 고열, 지속적인 기침, 설사, 구토, 호흡곤란, 출혈, 피부발진, AIDS, C형 간염, B형 간염 등의 증상이 있을 경우 기내에서는 아래와 같이 처리한다. 2015년 4~7월 4개월 동안 대한민국에서 메르스(Mers) 확산과 감염에 한 차례 큰 문제를 겪었었고 2020년 1월 29일 현재 중국 우한발 폐렴(新種 coronavirus ,WHO 명칭 2019-nCoV,신종 코로나 바이러스) 확산으로 중국과 인접해 있는 한국 및 전 세계가 공포에 떨고 있다.

따라서 항공기도 안전한 장소는 아니나 지상에 비해 비교적 환기 및 살균이 잘 되어 있는 장소이고 항공사 객실승무원들의 철저한 위생교육/조치 덕분에 항공기에서의 감염은 문제가 되지 않았으나 혹시 모를 미래의 감염병 확산에 더욱 경각심을 가져야 할 것이며 항공기에 감염우려가 있는 승객이 탑승하거나 주위 승객에 의해서 객실승무원에게 고지되면 동승한 승객들의 불안감 해소 및 추가 감염방지 위해 아래와 같은 10가지 업무를 비행 중 실시하여야 한다.

❶ 좌석 여유 있는 경우 고립된 자리로 배정한다.

❷ 지정승무원을 배정한다.

❸ 전용화장실 배정 및 화장실 내 수도꼭지, 손잡이 등은 비누로 철저히 닦아낸다.

❹ 기내에 비치된 손세정제를 사용하여 처치한 승무원의 손과 주변을 철저히 닦아낸다. (2015. 6. 이후 탑재예정)

❺ 기침시 마스크 착용 및 수거한다.

기내 탑재되는 메르스, 홍콩독감, H3N2, H1N1, 신종플루, 에볼라 처치용 마스크–2015. 6. 이후

기내 탑재되는 감염방지를 위한 마스크

① 탑재 위치 : COM 보관함

② 탑재 노선 : 전 노선

③ 탑재 수량 : 50~100개(2BOX, 50개/1BOX)

④ 제공 대상 : 기침, 재채기, 콧물 등의 호흡기 증상이 있는 승객

⑤ 사용 절차

• 항공기 출발 전 객실사무장은 마스크 탑재 현황을 확인한다.
  – 2BOX(미개봉 1BOX, 개봉 또는 미개봉 1BOX)

• 개봉된 BOX 내 마스크를 전량 소진한 후 새 것을 사용한다.

• 객실사무장은 개봉된 BOX에 마스크가 다 소진된 경우, 기내식 Supervisor에게 미개봉 1BOX를 요청한다(요청가능 공항 : ICN, GMP, PUS, CJU).

• 승무원은 기내에서 기침, 재채기, 콧물 등의 호흡기 증상이 있는 승객에게 의료용 마스크를 제공하고 사용하도록 권유한다.

• 승객이 사용을 원하지 않는 경우에는 재채기시 입과 코를 가리도록 요청하고 휴지를 제공한다.

⑥ 환자의 혈액, 상처, 짓무른 부위가 입 또는 피부에 닿지 않도록 한다.

⑦ 환자의 적출물 혈액, 체액 등에 노출된 경우 비누로 깨끗이 닦고 필요시 소독약/알코올로 소독한다.

⑧ 만일 감염성 환자가 사용한 주사바늘에 노출되거나 눈, 구강, 점막, 손상된 피부가 환자의 적출물에 노출된 경우는 신속한 응급처치 후 조치를 받아야 한다.

● 구성품 : 보호복, 고글, 마스크, 장갑, 덧신

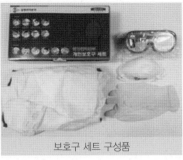

보호구 세트 BOX      보호구 세트 구성품

메르스, 홍콩독감, H3N2, H1N1, 신종플루, 에볼라 처치용 장구–2015. 6. 이후 탑재됨

손 소독제

그림과 같이 Gel Type의 Hand Cleaner로서, 각 Galley의 비어 있는 Compartment에 탑재

- A380, B744, B777    : 4ea
- A330                 : 3ea
- B737                 : 2ea

※ 서비스 전, 후 및 기타 필요한 경우 손에 적당량을 바른 후 양손으로 비벼 말린다.

살균 소독제(MD-125)

그림과 같이 Spray Type의 살균 소독제로서, 지정된 Galley의 비어 있는 Compartment에 탑재(Comp't 1개에 전량 보관 – 기종별 탑재 위치 참조)

- A380, B744, B777, A330  : 5ea
- A737                    : 3ea

※ 살균 소독제(MD-125)는 공항지점에서 항공기 소독 필요시 사용하기 위하여 탑재 운영 중

메르스, 홍콩독감, H3N2, H1N1, 신종플루, 에볼라 처치용 손세정제–2015. 6. 이후 탑재됨

❾ 혹시 모를 전염 가능성 때문에 환자승객 앞, 뒤 3열의 승객에게 연락처를 남기도록 해야 한다.

❿ 한국 도착 후 아래의 검역설문서를 작성하여 검역관의 감염성 질병 지휘를 받도록 한다.

## 건강상태질문서
### 健康狀態質問書 HEALTH QUESTIONNAIRE

| | | | |
|---|---|---|---|
| 성명(姓名)<br>Name | | 도착 연월일(到達 年月日)<br>Arrival Date(YY/MM/DD) | |
| 국적(國籍)<br>Nationality | | 항공기 편명(航空機 名)<br>(Flight No) | |
| 여권번호(护照番号)<br>Passport No. | | 좌석번호(座位號碼)<br>Seat No. | |
| 생년월일(生年月日)<br>Birth Date(YY/MM/DD) | | 주민등록번호 뒷자리(내국인만)<br>Last seven digits of ID. No<br>(Write for Only Korean) | |
| 성별(性別)<br>Sex | [ ] 남(男)Male<br>[ ] 여(女)Female | 휴대전화(전화번호)<br>携帶電話(電話番號)<br>Mobile Phone No.(Tel.) | |
| 한국 내 주소(韓國 內 地址)<br>Contact address in Korea or<br>Hotel Name | | | |

과거 10일 동안의 방문 국가명을 기입해 주십시오. 請塡寫過去十天之內停留的國家。
Please list the countries where you have stayed during the past 10 days before arrival.

| 1) | 2) | 3) |
|---|---|---|
| | | |

과거 10일 동안에 아래 증상이 있었거나 있는 경우 해당란에 "∨" 표시를 해 주십시오.
過去十天之內如有以下症狀, 請在症狀前劃 "∨"。
Please check a mark "∨", if you have or have had any of the following symptoms during the past 10 days before arrival.

| [ ] 콧물 또는 코막힘(鼻汁, 鼻閉塞)<br>Runny or stuffy nose | [ ] 인후통(咽喉痛)<br>Sore throat | [ ] 기침(咳嗽)<br>Cough | [ ] 발열(發熱·发烧)<br>Fever |
|---|---|---|---|
| [ ] 설사(腹瀉) [ ] 구토(嘔吐)<br>Diarrhea Vomiting | [ ] 복통(腹痛)<br>Abdominal pain | [ ] 호흡곤란(呼吸困難)<br>Difficulty breathing | [ ] 잦은 호흡(呼吸急促)<br>Shortness of breath |

건강상태 질문서 작성을 기피하거나 거짓으로 작성하여 제출하는 경우 「검역법」 제12조 및 제39조에 따라 1년 이하의 징역 또는 1천만원 이하의 벌금에 처할 수 있습니다.

If you make a false statement concerning your health or fail to fill out the Health Questionnaire, you may face a sentence of up to one year of imprisonment or up to 10 million won in fines, in accordance with Articles 12 and 39 of the Quarantine Act.

回避惑假地塡寫衛生檢疫單時. 依据檢疫法第十二條及第三十九條的規定. 可被判以一年以下的徒刑惑1000万元(韓貨)以下的罰款。

국립인천공항검역소장 귀하
Incheon Airport National Quarantine Officer
Ministry for Health and Welfare Republic of Korea

148mm×210mm (황색지 70g/㎡)

동남아 등 오염국 출발 후 승객이 기내에서 작성하여 제출하는 검역설문서

# 기내
## 상황별
## 응급처치

# Chapter 05

# 기내 **상황별** 응급처치

  실신(Syncope, 졸도)

☑ **정의**

실신은 급작스런 뇌혈류 감소로 인하여 일시적으로 의식을 잃고 자세를 유지하지 못해 쓰러지는 증상이다. 실신까지는 아니지만 갑자기 근육의 힘이 빠지면서 어지럽고 곧 졸도할 것 같은 느낌만 나타나는 것을 실신전(presyncope)이라고 한다. 비행 중 식사하고 나서 화장실을 사용하기 위해 좌석에서 일어나 걸을 때 실신하는 승객이 많으며 남성승객보다는 40~60대 여성승객이 주를 이루고 특히 해외여행 후 귀국시 많이 발생한다.

☑ **비행 중 증상**

- 느리고 약한 맥박
- 창백, 무기력, 현기증, 식은땀 흘림
- 의식소실

☑ **기내 응급처치**

- 머리를 낮추고 다리를 올린다.
- 조인 옷을 느슨하게 풀어준다.
- 호흡, 맥박, 반응상태를 확인한다.
- 냉찜질을 실시한다.
- 필요시 휴대용 산소를 공급한다.

☑ **필요한 응급장비**

- 얼음주머니, 암모니아흡입제, 전자체온계, 청진기, 혈당측정기

 **쇼크**(Shock)

☑ **정의**

쇼크는 급성질환이나 상해의 결과로서 순

환계가 우리 몸의 주요 기관에 충분한 혈액을 공급할 수 없어서, 진행성 말초 혈액 순환 부족으로 조직의 산소 부족이 발생해 탄산가스나 유산 등의 대사산물의 축적을 일으킨 상태를 말한다. 또한 정신적 평형을 해치는 갑작스런 장애를 쇼크라고 하기도 한다. 일반적인 원인에 따른 쇼크의 종류는 심장성 쇼크(심장 질환), 출혈성 쇼크(외상으로 인한 대량출혈), 신경성 쇼크(척추 손상 등), 저체액성 쇼크(탈수 등), 호흡성 쇼크, 패혈성 쇼크(감염성 패혈증 등), 과민성 쇼크(페니실린 주사 후) 등이 있으며 항공기 순항 중 상기 병력을 가지고 있는 승객에게 발생하는 위험한 증상이다.

☑ **비행 중 증상**

- 맥박이 빠르고 약함
- 호흡이 빠르고 얕음
- 피부가 창백하고 끈적거리며 동공이 확대되고 초점이 없음
- 행동이 혼란스럽고 의식이 저하됨

☑ **기내 응급처치**

- 승객을 눕혀 혈액 순환이 잘 되게 한다.
- 승객의 상태에 따라 다음의 그림과 같이 자세를 취하게 하며 몸을 담요로 덮어주어 체온을 유지해준다. 단, 고열로 인해 쇼크가 발생했을 경우에는 정상체온을 유지해준다.

### ☑ 필요한 응급장비

- 전자체온계, Flashlight, 청진기, 혈압계

여러 상황에 따른 응급처치 환자의 바람직한 자세는 다음과 같다.

| | |
|---|---|
| 일반적인 경우 | |
| 머리나 목에 부상이 있을 경우 | |
| 호흡이 곤란한 경우 | |
| 구토증상이 있는 경우 | |

## 심장마비/협심증 (Heart Attack/Angina Pectoris)

### ☑ 정의

심장은 크게 3개의 심장혈관(관상동맥; coronary artery)에 의해 산소와 영양분을 받고 활동한다. 동맥경화증, 혈전증, 혈관의 수축 및 연축(spasm) 등의 원인에 의해 3개의 관상동맥 중 어느 한 곳에서라도 급성이나 만성으로 협착(수축 등의 원인에 의해 혈관 등의 통로의 지름이 감소하는 것)이 일어나는 경우, 심장의 전체 또는 일부분에 혈류 공급이 감소하면서 산소 및 영양 공급이 급격하게 줄어들어 심장근육이 이차적으로 허혈 상태에 빠지게 된다. 이러한 상황을 협심증이라고 한다. 비행 중인 항공기에서 자주 일어나는 응급상황으로 여성승객보다 중년 남성승객에게서 발생하는 빈도가 높고 항공기 회항의 원인제공 중 가장 많이 발생한다.

### ☑ 비행 중 증상

- 가슴의 통증을 호소하며 체한 느낌을 호소한다.
- 팔, 목, 손과 등 부위에 통증이 나타난다.
- 식은 땀을 흘린다.
- 호흡이 곤란하고 기침이 나온다.

### ☑ 기내 응급처치

- 승객이 소지한 약이 있을 경우에 복용할 것을 권유한다.
- 죄는 옷은 느슨하게 풀어주며 움직임을 최소화한다.
- 필요한 경우 산소를 공급해 준다.
- 승객을 진정시키며 과거의 병력을 물어보고 활력징후를 확인한다.
- 가급적 의료인의 도움을 받게 해주고 Nitroglycerin을 혀 밑에 두고 녹여서 복용할 수 있게 한다.

### ☑ 필요한 응급장비

- 인공호흡용 마스크, 전자체온계, 청진기, 혈압계, PO2 . Nitroglycerin

## 뇌졸중(Stroke)

### ☑ 정의

뇌졸중<sup>(腦卒中)</sup>은 뇌기능의 부분적 또는 전체적으로 급속히 발생한 장애가 상당 기간 이상 지속되는 것으로, 뇌혈관의 병 이외에는 다른 원인을 찾을 수 없는 상태를 일컫는다. 뇌졸중은 뇌혈관이 막혀서 발생하는 뇌경색<sup>(허혈성 뇌졸중)</sup>과 뇌혈관의 파열로 인해 뇌 조직 내부로 혈액이 유출되어 발생하는 뇌출혈<sup>(출혈성 뇌졸중)</sup>을 통틀어 일컫는 말이며, 항공기가 비행 중 승객사망의 원인으로 가장 많이 대두되는 질병으로 객실승무원 및 기내 의료진의 신속한 응급조치가 필요한 질병이다.

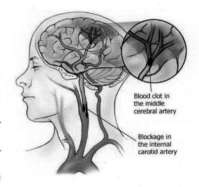

Blood clot in the middle cerebral artery

Blockage in the internal carotid artery

### ☑ 비행 중 증상

- 두통 또는 현기증이 발생하며 신체 반쪽 기능장애, 마비현상이 일어난다.
- 대소변의 통제력을 상실한다.
- 주로 얼굴 반쪽의 근육이 약화된다.

- 언어 표현에 장애가 나타난다.
- 동공의 크기가 좌우 차이난다.
- 시야가 흐려진다.
- 호흡이 곤란하고 메스껍다.
- 경련을 일으키며 혼수상태에 빠진다.

## ☑ 기내 응급처치

- 의식이 있는 승객

  - 기도를 유지한다.

  - 승객을 안정시킨다.

  - 필요한 경우 기내 산소를 공급한다.

  - 음식을 제공하지 않으며 몸을 따뜻하게 하고 안심시킨다.

  - 활력징후를 확인한다.

  - 가급적 빨리 기내 의료진의 진료를 받도록 한다.

- 의식이 없는 승객

  - 기도를 유지한다.

  - 머리를 높여준다.

  - 산소를 공급해 주며 활력징후를 관찰한다.

  - 가급적 빨리 기내 의료진의 도움을 받도록 한다.

## ☑ 필요한 응급장비

- 자동혈압계, 전자체온계, 혈당측정기

## 05 천식(Asthma)

## ☑ 정의

비행 중 기관지 천식의 대표적인 증상은 호흡곤란, 기침, 천명(쌕쌕거리는 거친

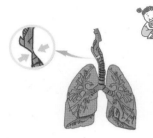

**천식 유발 요인**
- 호흡성 알레르겐(먼지, 꽃가루)
- 호흡자극
- 스트레스
- 신체 내 자극
- 음식

숨소리이다. 이러한 증상이 반복적으로, 발작적으로 나타나지만 실제로 천식 환자는 전형적인 천식의 증상 외에 비전형적인 증상을 호소하는 경우도 많다. 즉, 호흡곤란이나 쌕쌕거리는 숨소리 등의 증상은 없고 단지 마른 기침만 반복적으로 나타나는 경우, 가슴이 답답하거나 흉부 압박감을 호소하는 경우 또는 목구멍에 가래가 걸려 있는 것 같은 증상만을 호소하는 경우도 있다. 일반적으로 감기에 걸린 후에 호흡곤란이 악화하거나, 달리기 같은 운동 후에 호흡곤란, 거친 숨소리 증상들이 많이 나타난다.

때로는 비행기 승객 중에 심한 천식 발작으로 즉각적인 응급치료 및 지상 입원 치료가 절대적으로 필요한 경우가 있는데, 이때 승객은 곧 죽을 것 같은 공포를 느끼며, 실제로 심한 천식 발작은 비행 중 승객의 생명을 위협하기도 한다. 하지만 천식 약물을 적절하게 사용하고 환경 관리를 잘한다면 정상 건강인처럼 살아갈 수 있다. 기내에는 천식 승객에 대해 사용하는 약물이 항상 비치되어 있다.

### ☑ 비행 중 증상
- 기침을 하며 기침시 매우 힘들어 하고 숨을 쉴 때마다 휘파람 소리가 "쌕", "쌕" 하고 난다.
- 피부에 청색증이 나타난다.
- 대화하기를 매우 어려워한다.

### ☑ 기내 응급처치
- 승객을 안정시키고 상체를 앞으로 기울인 후 기대어 앉도록 한다.
- 승객이 사용 중인 약이 있는지 확인한 후 있으면 즉시 복용하도록 한다.

- 필요시 의사의 처방하에 기내 EMK 내 비치된 벤톨린 흡입제를 제공할
  수 있다.
- 필요시 산소를 공급할 수 있다.

### ☑ 필요한 응급장비

- 기관지 확장제<sup>(벤톨린 흡입제)</sup>

## 06 과호흡(Hyperventilation)

### ☑ 정의

우리 몸은 정상적으로 호흡을 통해 산소를 받아들이고 이산화탄소를 배출시키며, 동맥혈<sup>(동맥 속의</sup>
<sup>혈액)</sup>의 이산화탄소는 37~43mmHg 범위에서 그 농도가 유지된다. 어떠한 이유에서든 호흡을 통해 이산화탄소가 과도하게 배출되어 동맥혈의 이산화탄소가 정상 범위 아래로 떨어지는 상태를 과호흡이라 한다. 다양한 신체적 이상에 의해서도 일어나지만, 신체적으로 건강한 사람에게서도 정신적인 원인에 의해 나타날 수도 있다.

크게 신체적 원인과 정신적인 원인이 있다. 신체적 원인으로는 먼저 실제로 폐나 심장이 조직에 산소를 공급하고 이산화탄소를 배출하도록 하는 기능이 저하된 경우, 즉 폐 자체의 질환<sup>(폐렴, 폐색전증, 폐혈관 질환, 천식, 기흉 등)</sup>, 심장 질환<sup>(심부전, 폐순환과 체순환이 섞이는 심장 질환 등)</sup>이 있다. 또한 폐나 심장은 정상이더라도 체내의 산-염기 균형을 맞추기 위해 체내에 산이 과도하게 축적된 상태인 대사성 산증<sup>(당뇨병의 급성 합병증이나 신장 질환 등에 의해 나타날 수 있음)</sup>에 의해 일어날 수 있고, 갑상성 기능 항진증<sup>(호흡 욕구의 증가가 동반되는 것)</sup>에 의해서도 일어날 수 있다. 저자도 스페인 마드리드행 비행 중 과호흡 환자 승객을 한 번 보았는데 남편을 동반한 일본인 78세 여성이었으며 다음의 전형

적인 증상을 보였고 의사 호출을 통해 나타난 한국인 의사에 의해 적절하게 조치되어<sup>(구토대 사용)</sup> 신문에 기재된 바 있었다.

### ☑ 비행 중 증상

- 호흡이 깊고 빠르다.
- 현기증이 나고 시야가 흐려지며 양손, 발, 입술이 무감각해지고 따끔거린다.
- 손발 근육이 뻣뻣해지거나 경련이 일어난다.
- 균형감각을 상실한다.
- 심하면 혼수상태에 빠지는 경우도 있다.

### ☑ 기내 응급처치

- 큰소리로 이야기하도록 유도하며 호흡속도를 늦추도록 한다.
- 기내 앞좌석 등받이 아래 Seatpocket 내 비치된 구토대를 입과 코에 대고 숨을 천천히 쉬게 함으로써 자신이 뱉어낸 이산화탄소를 다시 흡입하게 한다.
- 승객이 많이 흥분한 경우 산소마스크를 씌워주되, 산소는 공급하지 않도록 한다.

### ☑ 필요한 응급장비

- 구토대, PO2

 **07** ## 호흡장애(Respiratory Ailments)

### ☑ 정의

비행 중 기내에서 승객의 호흡장애란 호흡곤란이라고도 말하며, 힘을 쓰지 않으면 숨쉬기가 어렵거나 숨쉬는 데 고통을 느끼는 상태를 말한다. 비정상적으로 불쾌한 호흡운동을 느끼는 것으로, 일반 인구의 약 20%나 호흡곤란을 호소하며, 의미 있는 사망률 증가와도 관련있는 것으로 알려져 있

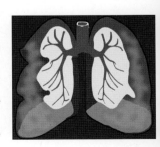

다. 환자가 주관적으로 "숨쉬기가 어렵다", "숨쉬기가 불편하다", "숨이 가쁘다", "조금만 움직여도 숨이 차다" 등으로 표현하는 것을 '호흡곤란' 증상으로 표현하며, 빈호흡(tachypnea)과 과호흡(hyperpnea)과는 다르게 구분된다. 장거리 비행 중 급성 호흡곤란은 생명이 위독한 질환이나 손상시의 주 증상이므로, 기내 의사 호출 방송을 하여 의료진의 신속하고 정확한 진단과 적절한 치료가 필수적이다. 객실승무원은 비행근무 중 호흡곤란, 특히 급성 호흡곤란을 호소하는 환자승객이 발생될 경우 항공기 탑승 전에도 증상이 있는지, 흉통이 함께 동반되는지, 주요 내과적, 외과적 질환이 합병되어 있는지 등을 확인하여 지상의 EMCS, 기내 의료진에게 알려주는 것이 필요하다. 대부분의 경우 단순한 약 투여만으로는 해결되지 않고 목적지 도착 후 병원의 입원 치료를 요하는 경우가 많다.

### ☑ 비행 중 증상

- 호흡하는 것을 힘들어 하며 가끔씩 천천히 소리내면서 호흡한다.

### ☑ 기내 응급처치

- 처방받은 약이 있으면 복용시킨다.
- 필요시 기내 비치된 산소를 공급한다.
- 승객을 안정시키며 의식이 있으면 편히 앉도록 한다.
- 증싱이 심할 경우 기내 의료진의 도움을 받도록 한다.

### ☑ 필요한 응급장비

- 전자체온계, 기관지 확장제(벤톨린 흡입제), 청진기, 혈압계

## 08 경련/발작(Convulsion/Seizure)

### ☑ 정의

- seizure : 발작(seizure)이란 질환 명이 아니라 하나의 증상을 지칭하는 말

이다. 대뇌에는 뉴런이라 불리우는 수많은 뇌 세포들이 서로 연결되어 미세한 전기적인 상호작용으로 정보를 주고받는데 발작이란 뇌에서 이러한 정상적인 '전기에너지'가 한꺼번에 비정상적으로 방출되어 일어나는 것이다. 잠재적으로 발작은

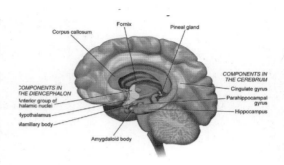

누구에게나 일어날 수 있으나 대부분의 사람들의 뇌는 이에 대한 높은 저항력(threshold)을 가지고 있다. 그러나 여러 가지 원인에 의해서 발작에 대한 저항력이 낮아져 있거나, 정상적인 저항력을 가지고 있어도 이 저항력보다 큰 자극이 있는 경우 발작이 일어나는 것이다.

- convulsion : 경련이라는 말은 발작(seizure)과는 또 다른 의미로 사용된다. 경련이라는 말은 근육의 수축을 의미한다. 즉, 발작 중에서 근육의 강한 수축으로 표현되는 발작을 경련(convulsion) 또는 경련성 발작(convulsive seizure)이라고 한다. 발작 중에는 경련성 발작 이외에도 비경련성 발작(non-convulsive seizure)이 있다. 일반인들은 보통 경련만을 간질발작으로 이해하지만, 비경련성 발작도 발작의 중요한 유형이다.

## ☑ 비행 중 증상

- 근육이 경직되며 일반적으로 근육경련이 최대 5~30초 정도 지속된 후 경련을 일으킨다.
- 근육이 경직되어 있는 동안 호흡이 중단되거나 혀를 깨물기도 하며 소변과 대변을 통제하지 못한다.
- 얼굴과 입술이 푸른색으로 변하며 입주위에 거품이 생기고 입꼬리를 통하여 흘러내린다.

## ☑ 기내 응급처치

- 경련이나 발작 중에는 움직이지 못하도록 해서는 안 된다.
- 기도가 막힐 우려가 있으므로 음식물을 제공하지 않고 손가락 등을 환

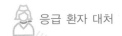 

자의 입안에 넣지 않는다.

- 주위에 경련/발작을 일으키는 환자에게 위해를 가할 수 있는 물건들을 치우고 베개나 쿠션 또는 담요로 덮어서 상해를 입지 않도록 한다.
- 구토를 할 경우 몸을 옆으로 돌리게 하여 구토물로 인한 질식을 예방한다.
- 경련/발작이 끝난 후에도 환자의 활력징후를 계속 관찰하며 필요한 경우 기내 비치된 산소를 공급하도록 한다.

### ☑ 필요한 응급장비

- 체온계, 청진기, 혈압계

 ### 당뇨병(Diabetes Mellitus)

### ☑ 정의

당뇨병은 인슐린의 분비량이 부족하거나 정상적인 기능이 이루어지지 않는 등의 대사질환의 일종으로, 혈중 포도당의 농도가 높아지는 고혈당을 특징으로 하며, 고혈당으로 인하여 여러 증상 및 징후를 일으키고 소변에서 포도당을 배출하게 된다.

### ☑ 비행 중 증상

- 현기증, 두통, 불안정, 빠르고 얕은 호흡
- 식은땀을 흘리고 축축한 피부
- 의식상실 및 경련

### ☑ 기내 응급처치

- 승객 의식 확인
- 의식이 있는 경우 설탕물, 주스, 사탕 등 단 것 제공
- 증상 호전 없을 시 추가 제공

- 의식 없는 경우 의료진 호출
- 필요시 휴대용 산소 제공

☑ **필요한 응급장비**

- 전자체온계, 청진기, 혈압계, 혈당측정기

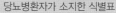

당뇨병환자가 소지한 식별표

 두통(Headache)

☑ **정의**

두통은 사실상 비행 중 시차, 피로, 무리한 여행 등의 이유로 많은 승객이 경험할 수 있는 증상이며 모든 사람들이 일생 동안 한두 번 이상은 경험하는 증상이다. 두통은 환자에 따라 표현하는 방식이 다르며, 이차적 원인이 발견되지 않는 일차성 두통의 경우 의사의 임상적인 진단 이외에 특이적인 진단방법이 없으므로 진단과 치료에 다소 어려움이 있다. 적절한 치료를 한다면 두통이 일상생활에 미치는 영향을 차단할 수 있으며, 대부분의 일차성 두통은 심각한 신경학적 후유증을 남기지 않고 치료된다.

자세한 검사에서도 특별한 원인이 발견되지 않는 일차성 두통에는 편두통, 긴장성두통, 군발두통이 있고, 비교적 흔하게 발생하는 이차성 두통에는 측두동맥염, 근막동통증후군, 약물과용두통 등이 있다. 치명적일 수 있는 이차성 두통으로는 뇌종양, 뇌출혈, 뇌압상승, 뇌염, 뇌수막염 등에 의한 두통이 있다. 따라서 비행 중 적절한 약물과 처치에도 불구하고 계속적인 두통을 호소하는 승객에게는 목적지 도착 후 정밀검사를 권유해 본다.

☑ **비행 중 증상**

- 머리가 아프고 어지러움

- 구토 및 실신

☑ **기내 응급처치**

- 승객 안정 후 원인 파악
- 증상에 따라 해열제, 진통제 복용가능
- 증상 심할 시 의료진 호출
- 심한 두통과 분출성 구토 동반시 뇌압상승일 가능성이 많으므로 의료진 호출

☑ **필요한 응급장비**

- 진통제, 타이레놀

##  11 기타 위장관계 증상(GI Symptoms)

☑ **정의**

기내에서 소화불량 증세가 있는 경우, 소화기관 장애를 의심하게 된다. 그러나 소화기관에 별다른 장애가 없는 경우에도 만성적인 소화불량 증세가 나타날 수 있다. 기능성 소화불량 때문이다.

기능성 소화불량은 식도, 위, 대장 등 소화기관에 질환이 없는데도 소화기 관련 증상이 나타나는 것을 말한다. 기저 질환이 없는데도 이러한 증상이 생기는 주된 원인은 스트레스다.

스트레스를 받으면 뇌가 영향을 받아 교감신경이 활성화된다. 교감신경이 활성화되면 우리 몸은 긴장 상태로 변한다. 우리 몸이 긴장하면 입과 식도에서는 점액 분비가 잘 안 되고, 위장의 운동기능이 떨어져 위산, 소화효소 분비가 줄어든다. 이로 인해 전체적인 소화기능이 떨어지고 소화불량 증세가 나타나는 것이다.

기능성 소화불량이 생기면 가슴이 답답하고, 속이 더부룩하며, 복부 팽만감이 느껴진다. 또 위산 역류, 조기 포만감과 같은 불쾌감이 느껴지며, 구

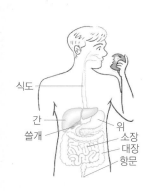

식도
간
쓸개
위
소장
대장
항문

토, 속쓰림, 위산 역류 같은 증상이 나타나기도 한다. 이러한 증상들이 식사에 대한 거부감으로 이어져 기내에서 식욕이 떨어지기도 한다.

> *기저 질환 : 응급환자가 평소 앓고 있던 질환을 의미한다.

☑ **비행 중 증상**

- 속쓰림, 오심, 설사, 구토 등

☑ **기내 응급처치**

- 승객을 안정시키고 증상에 따른 응급처치 실시
- 증상에 따라 소화제, 진경제, 제산제 복용가능
- 증상이 심할 시 의료진 호출

☑ **필요한 응급장비**

- 소화제, 제산제, 진경제

 **식중독**(Food poisoning)

☑ **정의**

병원균을 비롯해 미생물 독소, 화학물질 및 기타 독성물질에 오염된 음식을 먹은 뒤 발생하는 질병을 말하며 식품 매개 질병인 식중독의 법적 정의는 '식품의 섭취에 연관된 인체에 유해한 미생물 또는 미생물이 만들어내는 독소에 의해 발생한 것으로 의심되는 모든 감염성 또는 독소형 질환'(식품위생법 제2조 제10호)이다. 또 세계보건기구(WHO)는 식중독을 '식품 또는 물의 섭취에 의해 발생되었거나 발생된 것으로 생각되는 감염성 또는 독소형 질환'으로 규정하고 있으며 식품으로 매개되는 질병은 250가지가 넘는 것으로 알려져 있다. 세균, 바이러스, 기생충에 의한 감염이 대부분이며 산발적으로 발생하지만 공통적인 음식과 관련돼 집단 발생하는 경우가 많다. 음식을 함께 섭취한 2명 이상의 사람들에게 위장관 증상이나 신경증상이 보이면 식중독을 의심해야 한다.

음식 섭취 후의 잠복기와 임상 증상이 진단에 중요하며 잠복기가 1~6시간 이내이면 황색포도상구균과 바실루스 세레우스 구토형, 8~16시간이면 웰치균과 바실루스 세레우스 설사형, 16시간이 넘으면 대장균·살모넬라균·이질균·콜레라균 등에 의한 식중독으로 진단한다.

비행 중 일어나는 식중독의 증상은 아래와 같으며 대부분 비행기 탑승 전 현지에서 섭취한 비위생적인 음식물로 인해 발병하는 경우가 많다.

### ☑ 비행 중 증상
- 오심, 구토
- 복통 및 두통
- 설사
- 오한, 열 발생

### ☑ 기내 응급처치
- 승객 안정 및 섭취음식을 확인/기록한다.
- 음식물 제공금지
- 설사시 충분한 수분공급
- 도착시 지상직원 인계 및 병원 호송
- 동일음식 취식승객 확인 및 조치

### ☑ 필요한 응급장비
- 메디컬 백, 구토대, 얼음주머니

## 13 급성만취 (Alcohol intoxication)

### ☑ 정의
지나친 주류의 섭취로 인해 상황판단력이 마비되고 정상적인 행동을 하지

못하며 주위 승객에게 민폐를 유발하는 행위를 말한다. 비행 중 기내에서는 객실승무원에 의해 탑승객이 만취상태로 가지 않도록 유의하여 서비스되고 있으나(3잔 이상 제공 시 승객정보를 공유하고 알코올성 음료 서비스 자제) 일부 승객이 지상에서 음주를 하고 기내에서 만취상태가 되는 경우가 일반적이다.

### ☑ 비행 중 증상

- 호흡시 술 냄새가 많이 남
- 상황 및 판단력 저하
- 구토, 의식상실

### ☑ 기내 응급처치

- 주류제공 절대금지
- 의식이 있을 경우 음료수와 고단백 음식 권유
- 구토 및 발작에 대비
- 수면 권유

### ☑ 필요한 응급장비

- 구토대, 얼음주머니, 기내 소화제

 **비행멀미**(Motion sickness)

### ☑ 정의

가속도병 · 동요병(動搖病)이라고도 한다. 자동차 · 항공기 등에 탔을 때 구토증이나 메스꺼움을 일으키는 질환이다. 앉거나 누웠다가 갑자기 벌떡 일어서면 현기증을 느끼는 사람이나, 아침에 잠에서 깨어나 일어나기가 거북해지는 등의 증세를 가지는 체질적인 증후군에는 기립성조절장애(起

立性調節障碍)·자율신경불안정증 등이 있으며, 멀미도 그런 증세의 하나이다. 사춘기에 많고 봄부터 여름 사이에 많이 나타난다. 멀미에는 정신적인 영향도 많이 작용하므로 자신감을 갖는 것이 중요하다. 주사·내복약도 있으나 치료효과는 암시적 요법의 영향도 많다. 기차·배·비행기 등을 탈 때는 되도록 동요가 적은 자리를 잡고, 담소 등으로 기분전환을 도모하거나 창문을 열고 먼 곳의 경치를 바라보는 것이 좋다. 항공기 탑승 전 식사는 소화가 잘 되는 것으로 하며, 출발 2시간 전에 식사를 마치는 것을 권유하고 될 수 있으면 기내에서 과식을 삼가는 것이 좋다.

### ☑ 비행 중 증상

- 메스꺼움, 구토
- 창백, 불안
- 식은땀을 흘린다.

### ☑ 기내 응급처치

- 옷을 느슨히 풀어주고 등받이에 편안히 기대게 한다.
- 승객 요청시 멀미약 제공가능
- 찬 물수건 및 구토대 제공
- 의사가 주사제 사용가능

### ☑ 필요한 응급장비

- 기내 비치 보나링A 정제, 구토대

**Tip** 비행기 멀미 예방을 위해

1. 비행기를 타기 한 시간 전에 멀미약을 복용!
2. 좌석 사전예약을 하거나 공항에서 최대한 일찍 티켓팅을 하면서 좌석을 선택할 시 전방이나 날개 위 좌석으로 요청한다(기내에서 과음, 과식 금지).
3. 느슨한 의복을 입고, 눕거나 편한 자세를 취한다.
4. 구토가 날 때는 참지 말고 구토대나 화장실에서 구토를 한다.
5. 되도록 하늘 먼 곳을 바라보고, 음악을 듣거나 즐거운 대화를 하는 등 관심을 돌리는 것도 도움이 된다.

# 15 정신질환(Psychiatric disorder)

## ☑ 정의

정신질환은 사람의 사고나 감정이나 행동 같은 것에 영향을 미치는 병적인 정신상태를 말한다. 정신질환의 실제 병명에는

- 조현병 : 도파민 과다로 인해 생기는 대표적인 정신질환으로 현실을 떠나 자신만의 세계에 있는 상태를 지칭(구 명칭 : 정신분열증)
- 중독 : 심각한 의존성을 의미하며 물질중독(알코올중독, 마약중독 등)과 비물질적 중독(도박중독, 성중독, 일중독 등)으로 나뉜다.
- 불안증 : 정사를 담당하는 외신경 내의 신경전달물질의 부족 또는 과다로 발생한 정신질환(공황장애, 강박장애, 외상후스트레스장애 PTSD)
- 우울증/조울증/양극성 장애 : 우울한 상태/우울증이 깊어지면 반대현상으로 조증이 생김/조증과 우울증 상태를 반복하는 정신질환이다.

항공사에서는 정신질환이 항공사고로 이어질 경우를 방지하기 위해 심각한 정신질환이 있는 승객은 항공기 탑승을 자제하도록 하고 있다.

## ☑ 비행 중 증상

- 인격장애, 공황장애가 발생한다.
- 공격적으로 행동한다.
- 주위사람을 알아보지 못한다.

## ☑ 기내 응급처치

- 승객의 병력 파악 후 승객 안정
- 비행 중 지속적으로 동일행동 보일 시 의료진 호출
- 필요시 의사가 EMK 내 안정제 투입

## ☑ 필요한 응급장비

- 청진기, 혈압계, 전자체온계

 저산소증(Hypoxia)

## ☑ 정의

저산소증은 호흡기능의 장애로 숨쉬기가 곤란하여 체내 산소 분압이 떨어진 상태로 동맥혈 가스검사를 시행했을 때 산소 분압이 60mmHg 미만이거나 산소 포화도가 90% 미만일 경우를 의미한다. 저산소증은 특히 중추신경계 영역의 변화를 일으키며, 급성 저산소증의 경우 급성 알코올 중독과 비슷한 판단력 장애, 운동 실조 등의 증상을 유발할 수 있다. 저산소증이 심해지면 결국은 호흡곤란에 의해 사망하게 된다.

과학적인 이론과 실험에 따르면 10,000ft 이상의 고도에서 오랜 시간 동안 머물게 되면 정신적으로나 육체적으로 권태현상을 나타내다가 급기야는 졸도까지 하게 되는데 이런 현상을 저산소증(hypoxia)이라 한다. 저산소증 현상은 비행고도가 높으면 높을수록 아주 짧은 시간 내에 유발되며 건강한 사람이 저산소증을 일으키지 않고 거의 무한정 오래 견딜 수 있는 고도는 10,000ft로 알려져 있고 미국 연방항공국(FAA)에서는 높은 고도를 비행하는 항공기에 대하여 순항고도에서 객실 내의 압력을 고도 8,000ft에 상당되는 기압인 10.92psi로 유지할 수 있는 여압 계통을 구비할 것을 형식증명의 조건으로 하고 있다.

여기서 객실 내의 압력이 고도 8000ft에 상당하는 기압인 10.92psi인 경우를 8,000ft 객실고도(CABIN ALTITUDE)라 부르며 또한 어떤 불의의 사태로 여압 계통의 작동이 원활치 못할 때라도 객실고도는 15,000ft를 초과하지 못하도록 되어 있고 그것이 불가능할 경우에 대비하여 승무원과 승객을 위하여 100% 산소를 호흡할 수 있게 마스크를 비치하여야 한다고 규정하고 있다.

## ☑ 비행 중 증상

● 창백 혹은 얼굴과 몸이 파래지는 청색증 발생

● 호흡곤란, 두통과 어지러움

- 무기력 및 판단력 저하
- 의식소실

## ☑ 기내 응급처치
- 즉각적인 산소공급
- 승객 안정
- 활력징후 측정
- 필요시 의료진 호출 및 의료장비 준비

## ☑ 필요한 응급장비
- 전자체온계, 혈압계, PO2

 **17  이통(Earache)**

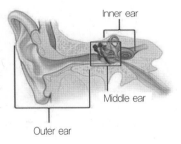

Inner ear

Middle ear

Outer ear

## ☑ 정의

이통은 귀의 통증을 말하며, 귀에 발생한 병리적 변화에 의해 생기는 원발성

이통과 귀에 분포한 감각신경의 작은 가지가 다른 부위에서 자극을 받아 발생하는 연관통에 의해 생긴다. 이통의 50% 이상이 연관통이다. 항공기 내에서의 이통은 기압차에 의해 발생하는 경우가 대부분이며 발살바<sup>(Val-</sup> <sub>salva)</sub> 방법을 사용하여 해결될 수 있다.

**발살바**<sup>(Valsalva)</sup>**란?**    이관<sup>(耳管)</sup> 통기<sup>(通氣)</sup> 테스트라고 하며, 시행하는 방법은 손가락으로 콧구멍을 막고 강제 호흡 동작에 의해 코안의 내압을 높이면, 갑자기 이관이 열리고 중이압<sup>(中耳壓)</sup>이 높아져 고막이 바깥쪽으로 팽창한다. 이때 소리를 내게 되므로 검사자의 귀와 검사받는 사람의 귀를 고무관으로 연결해 두면 소리에 의해 공기가 통함을 확인할 수 있다. 또 고막을 관찰하여 그것의 팽창에 의해서도 통기를 확인할 수 있다. 항공기 탑승이나 등산 등에 의해 중이강<sup>(中耳腔)</sup>과 외기와의 사이에 기압차가 생겨 귀

발살바 치료법

가 막힌 것 같은 감이 있을 때 이 동작을 하면 귀를 정상화할 수 있다. 대부분의 항공사 승무원이 발살바(Valsalva) 방법을 통해 이착륙시 자신의 귀를 건강하게 유지시키고 있다.

### ☑ 비행 중 증상
- 지속적 혹은 간헐적인 귀의 통증
- 이마 부위 통증 발생 및 두통 발생
- 감기로 인한 이통 발생가능

### ☑ 기내 응급처치
- 발살바 처치 시행
- 통증 있는 귀에 따뜻한 패드 제공
- 요청시 진통제 제공
- 필요시 의료진 호출 및 의료장비 제공

### ☑ 필요한 응급장비
- 기내 비치 타이레놀, 얼음주머니, 나리스타S

## 18 출혈(Bleeding)

### ☑ 정의
혈관의 손상에 의해 혈액이 혈관 밖으로 나오는 현상을 말한다. 일반적으로 출혈이 일어나면, 혈소판과 혈액응고인자의 작용으로 혈전이 생성되어 손상된 혈관과 조직을 막음으로 지혈이 된다. 혈소판과 혈액응고인자에 이상이 생기면 쉽게 멍이 들거나, 작은 상처에도 출혈이 잘 일어나고 잘 멈추지 않게 된다. 혈우병이나 폰빌레브란트병, 혈소판감소증 등 다양한 질환이 출혈 이상의 원인이 될 수 있다.

### ☑ 비행 중 증상
- 외관상으로 혈액이 신체 외부로 노출되는 현상

- 어지럽고 메스껍다.
- 자신의 출혈을 목격함으로써 충격과 공포에 휩싸이기 쉽다.
- 상처에 의해 감각이 마비될 수 있다.
- 과다한 출혈시 의식을 잃고 쓰러진다.

☑ **기내 응급처치**

- 직접 압박을 가한다.
- 상처부위를 들어 올린다.
- 붕대로 상처를 감싼다.

☑ **필요한 응급장비**

- 멸균거즈, 멸균압박용 붕대, 반창고, 가위, 탄력붕대

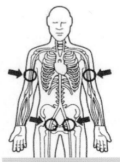

압박점을 찾아
압박을 실시한다.

 **화상(Burn)**

☑ **정의**

불이나 뜨거운 물, 화학물질 등에 의해 피부 및 조직이 손상된 것을 화상
이라고 하며, 일반적으로 증상에 따라 1도에서 3도로 구분한다. 정도를
파악할 때는 화상을 입은 넓이와 깊이에 따라 중증도를 결정하며 항공기
내 화상은 대부분 기내에서 제공되는 뜨거운 물(물, 스프, 라면, 국)과 기내식을
가열하는 오븐(oven)에 의해 입는 화상을 지칭한다.

☑ **비행 중 증상**

- 1도 화상  – 화상 부위가 붉어진다.
  – 화상 부위가 부어오르며 상당한 통증을 느낀다.
- 2도 화상  – 상기 증상 이외에 화상부위에 물집이 생긴다.
- 3도 화상  – 화상부위가 하얗게 되거나 검게 보인다.
  – 피부 내부 조직이나 뼈가 드러나 보인다.
  – 환자가 쇼크 상태로 간다.

번텍(Burntec)이 탑재되기 전까지 일반화상의 응급처치

- 화기가 사라질 때까지 충분하게 부위를 냉수에 담그거나 냉찜질한다.
- 식염수를 이용하여 상처부위를 소독한다.
- 화상연고를 바른 후 붕대를 느슨하게 하고 부위를 들어 올린다.
- 쇼크 발생시에는 상기 언급한 쇼크 응급처치를 시행한다.

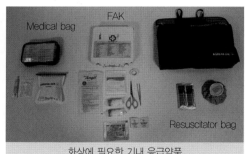
화상에 필요한 기내 응급약품

### ☑ 필요한 응급장비

● 번텍(Burntec), 진통제, 붕대, 가위

---

## 2016년 기내 화상 발생시 신개념 화상 응급처치법

기존의 기내 화상 응급처치 방법은 응급조치시 처치자의 손과 화기를 빼는 물을 통하여 감염을 일으킬 수 있는 소지가 다분하여 항공사에서는 "Burntec"이라는 제품을 사용하기 시작하였다.

하이테크놀로지 하이드로겔 드레싱 "Burntec"은 "쿨링효과"를 지니고 있는 다기능성 상처 드레싱으로 90% 이상의 수분을 포함하고 있는 흡수성 드레싱 제품이다.

Burntec은 화상부위의 열을 신속히 쿨링시켜 상처 부위를 진정시킬 뿐만 아니라 적절한 열 교환과 수분균형을 통해 최적의 습윤한 상처치유 환경을 제공하고, 상처 부위에 지속적인 쿨링 효과를 제공하여 상처 부위의 통증을 경감시켜 주는 제품이다. 또한 상처에 달라붙지 않아 드레싱 교환시의 통증을 완화시켜주며 나아가 흉터 생성도 완화시켜주는 효과가 있다. 이러한 하이테크놀로지 하이드로겔 드레싱 "Burntec"은 화상 부위, 비감염성의 모든 상처 등 적용범위가 넓고, 5 x 5cm ~40 x 60cm 등 제품의 사이즈 또한 다양하여 2016년부터 항공사에서 승객 및 승무원 화상 응급치료용으로 도입할 예정이다.

### 화상 응급처치 절차

| [현행] 물 이용 화기 제거 | [변경] BurnTec 이용 화기 제거 |
|---|---|
| ① 화상 부위의 의복, 장신구 등을 조심스럽게 제거하여 화상 부위를 노출시킨다. | ① 화상 부위의 의복, 장신구 등을 조심스럽게 제거하여 화상 부위를 노출시킨다. |
| ② 화상 부위를 흐르는 물(10~15℃)에 약 20분 이상 대거나 담근다. 만약, 흐르는 물로 화기 제거가 어려운 경우에는 거즈나 깨끗한 수건에 물을 적셔 화기를 제거한다.  | ② FAK 내 화상치료용 거즈(Burn Tec)를 환부에 얹고 탄력 붕대로 느슨하게 고정한다.   |

| [현행] 물 이용 화기 제거 | [변경] BurnTec 이용 화기 제거 |
|---|---|
| ③ 화상 연고를 충분히 도포하거나 FAK 내 리도아거즈를 사용한 후 멸균거즈와 붕대로 느슨하게 고정시킨다.<br><br>④ 통증 지속시 진통제(타이레놀)를 제공한다. | BurnTec을 사용하기 어려운 경우에는 상온의 흐르는 물 또는 차가운 린넨 등을 이용하여 화기를 제거 후 화상연고 도포 및 멸균거즈와 붕대로 느슨하게 고정시킨다.<br>③ 필요시 진통제(타이레놀)를 제공한다.<br>주) 화상 부위 이물질이 있는 경우 깨끗한 물로 세척한다. |

**공통 주의사항**

- 화상 응급처치시에는 얼음이나 얼음주머니를 사용하지 않는다.
  - 얼음찜질의 경우 피부조직 손상 및 상처 악화 가능
- 화상으로 인한 수포를 터뜨리지 않도록 주의한다.

## BurnTec 사용방법

1. 포장 개봉 후, 플라스틱 몰드에서 제품을 꺼낸다.

2. 이때, 제품의 상부에 부착되어 있는 필름은 제거하지 않는다.

3. 플라스틱 몰드에 접해 있던 부분을 화상부위로 향하게 하여 적용시킨다.

4. 상처에 드레싱을 적용시킨 후 상부에 있는 필름을 제거한다.

5. 탄력붕대를 이용하여 고정한다. 필요시 진통제를 제공한다.

기내 화상환자에 BurnTec를 사용하여 도포한 모습

## 골절(Fracture)

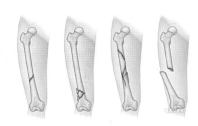

### ☑ 정의

뼈나 골단판 또는 관절면의 연속성이
완전 혹은 불완전하게 소실된 상태를
말하며, 대개의 경우 외부의 힘에 의하여 발생한다.

골절이 발생한 부위 주변으로 통증과 압통이 발생한다. 통증은 근육의 경직, 골편의 중복, 주위 연부 조직의 손상이 원인이 되어 발생하며, 골절 부위를 움직이거나 압력을 가하면 더욱 심해진다. 골절 부위에 체액이 증가하고 출혈로 인하여 부종이 나타나고 피부 바깥에 보이는 출혈이 발생한다. 비행 중 기내에서 골절이 발생하는 경우는 거의 없으나 상시 벨트 착용을 하지 않은 경우 갑작스런 기체요동에 의해 신체가 공중으로 올라가 떨어질 경우 발생할 수 있다.

### ☑ 비행 중 증상

골절이나 탈구가 발생하면 심한 통증이 나타나는데 이는 그 부위를 움직이거나 누를 때 더 심해진다. 손상 부위가 비정상적으로 흔들리고 통증 때문에 움직이지 못해 정상적인 기능을 상실할 수 있으며 체액이나 혈액이 손상 부위로 스며들어 붓게 되고 팔다리 모양의 변형이 올 수 있다. 그 외에 감각 손상, 근육 경련, 마비 등이 올 수 있다.

### ☑ 기내 응급처치

가장 중요한 것은 다친 부위가 더 이상 움직이지 않도록 하는 것이다. 부목 등을 이용하여 묶어서 움직이지 않도록 하는데, 이때 직접 처치를 하다가 무리하게 움직여 상태를 더욱 악화시킬 수 있으므로 움직이지 않고 응급구조를 기다리도록 하고 응급처치를 할 경우에는 환자가 편안해 하는 자세 그대로 움직이지 않게 고정하고 도움을 청하도록 한다. 환자를 움직일 때에는 골절되거나 탈구된 뼈와 관절의 위/아래 관절을 동시에 고정하여 움직이지 않도록 하는 것이 중요하다.

부목은 다친 부위의 뼈보다 길어야 하고 부드러운 천으로 감싸 피부에 직접 닿아 손상을 주지 않도록 해야 한다. 부목은 가볍고 단단한 재질로 된 것이 좋으나 구하기 어려운 경우에는 담요나 신문지를 접은 것, 종이 상자 등을 사용할 수 있다. 이때 관절이나 뼈의 단단한 부위가 밖으로 만져지더라도 이를 제자리로 돌리려는 시도는 하면 안 된다. 팔다리의 손상에 비교하여 척추나 골반 뼈 부위를 다친 경우 내부 장기 또는 혈관의 손상으로 출혈이 되어 쇼크에 빠질 위험이 있으므로 환자를 눕힌 자세에서 가급적 전신이 움직이지 않도록 고정하여 빨리 전문 진료를 받을 수 있는 병원으로 이송하여야 한다.

### ☑ 필요한 응급장비

- 멸균용 거즈, 얼음주머니, 진통제, 부목, 가위, 붕대, 반창고, 삼각건, 전자체온계, 자동혈압계

##  염좌(Distortion), 삠

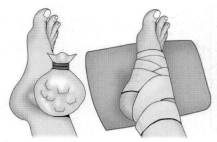

### ☑ 정의

염좌(sprain)는 관절을 지지해주는 인대가 외부 충격 등에 의해서 늘어나거나 일부 찢어지는 경우를 주로 말하며, 근육이 충격에 의해서 늘어나거나 일부 찢어지는 경우도 염좌(strain)라고 말한다. 영어로는 전자의 경우를 sprain, 후자의 경우를 strain으로 구분하여 부른다. 인대나 근육의 일부가 아닌 전체가 끊어지는 경우는 파열(rupture)이라고 일컫는다. 비행 중 염좌(삠)가 발생하는 경우는 갑작스런 기체동요나 오랫동안 좌석에 앉아 있다 갑자기 일어나 걸을 때 발생한다.

### ☑ 비행 중 증상

- 해당 부위가 붓고 통증을 느끼게 된다.
- 누르면 누를수록 통증이 심해지고 심하면 피부색이 변색된다.

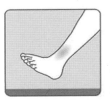

## ☑ 기내 응급처치

- 과도한 찬 찜질보다 적당한 찜질과 충격받은 부위를 심장보다 높게 하는 거상체위를 취하도록 한다.

## ☑ 필요한 응급장비

- 진통제, 얼음주머니, 붕대, 가위

 **부비동통**(Sinus Pain)

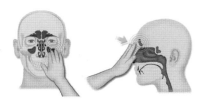

## ☑ 정의

부비동은 콧구멍이 인접해 있는 뼈 속 공간으로 굴처럼 만들어져 공기로 차 있다. 4개의 코곁굴이 있으며, 굴이 형성된 뼈에 따라 이름지어졌다. 각각은 눈썹 부근 이마뼈에 있는 이마굴, 코안과 눈확 사이 벌집뼈에 있는 벌집굴, 나비뼈 몸통에 있는 나비굴, 위턱뼈 속에 형성된 위턱굴로 구분된다. 머리 무게를 가볍게 하고, 호흡시 공기를 데워주며, 분비물 배설과 환기를 돕고 먼지 등의 이물질과 분비물을 배설한다. 이곳에 염증이 발생하면 답답하며 참을 수 없는 통증을 호소하게 된다. 특히 비행 중 객실의 기압이 낮아짐에 따라 증상이 더욱 심해질 수 있다.

## ☑ 비행 중 증상

- 이마와 광대뼈에 통증을 느끼거나 위쪽 치아까지 통증이 퍼진다.
- 코가 막힌다.
- 두통을 호소한다.

### ☑ 기내 응급처치

- 발살바<sup>(Valsalva)</sup>를 실시하게 한다.
- 머리를 뒤로 하고 코에 비점막 수축제를 분사한다.
- 필요시 타이레놀 등의 진통제를 제공한다.

### ☑ 필요한 응급장비

- 타이레놀, 비점막 수축제<sup>(나리스타-S)</sup>

 **23** 코피(Nose Bleeding)

입으로 숨을 쉬게 함
코뼈를 지긋이 누름

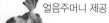 얼음주머니 제공

### ☑ 정의

비출혈이란 말 그대로 코에서 피가 나는 것을 말한다. 코피는 여러 가지 원인에 의해 발생하는데, 신체의 국소적 원인으로는 기계적 외상, 비중격 및 비강질환, 염증, 종양, 동맥류, 기압 변화 등이 있으며, 신체 전반에 걸친 원인으로는 혈액응고 장애, 동맥경화증, 유전성 출혈성 모세혈관확장증, 대상월경<sup>(월경이 없거나 그 양이 매우 적을 경우, 자궁의 출혈을 대신하여 코나 허파, 위장, 유방 따위에서 출혈이 일어나는 일)</sup> 등이 있다.

출혈의 대부분은 비중격의 앞부분에 위치한 키셀바하 부위<sup>(Kiesselbachs area)</sup>에서 발생하고, 외상이 비출혈의 가장 흔한 원인이다. 특히 비행 중 코피가 나는 이유는 시차적응 실패, 피로, 무리한 해외관광으로 인한 피로, 어린이의 경우는 습관적으로 코를 후비는 행동이 가장 흔한 비출혈의 원인이다.

### ☑ 비행 중 증상

- 코에서 피가 나온다.
- 장시간 지혈되지 않을 경우 의료진을 호출한다.

### ☑ 기내 응급처치

- 고개를 뒤로 젖히지 않는다.

- 콧등을 잡고 눌러 지혈한다.
- 코 주변을 얼음을 이용하여 냉찜질한다.
- 코를 풀지 않도록 한다.

☑ **필요한 응급장비**
- 얼음주머니, 혈압계, 화상치료용 거즈, 붕대, 핀셋

**고혈압**(Hypertension)

☑ **정의**

혈압이란 혈액이 혈관 벽에
가하는 힘을 말한다. 혈압을
읽을 때에는 수축기 혈압<sup>(최고</sup>

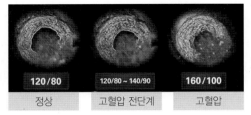

혈압)과 확장기 혈압<sup>(최저혈압)</sup>으로 나누어서 읽는다. 수축기 혈압은 심장이 수
축하면서 혈액을 내보낼 때 혈관에 가해지는 압력이고, 확장기 혈압은 심장
이 확장<sup>(이완)</sup>하면서 혈액을 받아들일 때 혈관이 받는 압력이다.

고혈압은 18세 이상의 성인에서 수축기 혈압이 140mmHg 이상이거나 확
장기 혈압이 90mmHg 이상인 경우를 말한다. 고혈압은 크게 두 가지로 분류
할 수 있는데, 원인 질환이 밝혀져 있고 이에 의해 고혈압이 발생하는 경
우를 이차성 고혈압이라고 하며, 원인 질환이 발견되지 않는 경우를 본태성
<sup>(일차성)</sup> 고혈압이라고 한다. 전체 고혈압 환자의 약 95%는 본태성 고혈압이다.
본태성 고혈압이 생기는 근본적인 이유는 명확하지 않지만, 심박출량<sup>(car-</sup>
<sup>diac output; 심장에서 1분 동안 박출하는 혈액의 양)</sup>의 증가나 말초 혈관저항의 증가에 의
한 것으로 생각된다. 고혈압과 관련된 위험 인자에는 고혈압의 가족력,
음주, 흡연, 고령, 운동 부족, 비만, 짜게 먹는 식습관, 스트레스 등의 환경
적, 심리적 요인이 있다. 따라서 고혈압 환자는 비행 중 혈액순환에 유의
하고 과도한 기내 업무를 피하며 무리한 해외관광으로 인해 피로가 쌓이
지 않도록 조심해야 한다.

### ☑ 비행 중 증상

- 가슴이 답답하며 호흡이 곤란하다.
- 이명현상이 나타나고 머리 뒷부분이 땡기고 아프다.
- 어지럽고 메스껍다.

### ☑ 기내 응급처치

- 편안한 자세를 취하게 한다.
- 승객이 소지한 약이 있을 경우 약을 먹게 한다.
- 혈압조절이 불가능하거나 호전되지 않을 경우 의료진을 호출한다.

### ☑ 필요한 응급장비

- 청진기, 자동혈압계

## 25 복통 (Abdominal Distress)

### ☑ 정의

복부의 내장은 피부에 비하면 심한 통증을 일으키는 여러 자극에 민감하지 못하다. 그러나 염증, 허혈, 종양의 신경 침범 등의 여러 가지 이유로 복부의 통증이 발생할 수 있다. 복통은 말 그대로 복부의 통증을 말하며, 주로 소화기 질환에서 볼 수 있는 중요한 증세이다. 일반적으로 어느 곳이 아픈가에 따라 다양한 진단이 가능하므로 복통의 부위를 정확히 알아야 하며 복통은 비행 중 기내에서 제일 많이 발생하는 질환이므로 아래의 복통별 특성을 숙지하여 의료진이나 지상의 EMCS에 관련 증상을 전달해 주어야 한다.

♣ 각 질환별 복통의 특성

① 위염 : 명치 부위에 생기는 둔통인 경우가 많지만 약물(해열제, 진통-소염제, 알코올, 커피 등) 복용에 기인한 급성위염은 심한 통증을 일으킬 수 있다.

② 급성충수염 : 초기에는 흔히 명치 부위에서 통증을 느끼지만, 점차 아랫배의 오른쪽(우하복부)으로 통증이 이동되어 간다.

③ 담석 : 심한 통증인 경우가 많고, 중년 이후의 살찐 여성이 지방질이 많은 식사를 한 후 흔히 발생한다. 통증이 발생하는 부위는 주로 명치 혹은 그보다 약간 오른쪽에 위치하며, 수분 간격으로 점차 심해지고 주기적으로 진행된다.

④ 췌장염 : 통증은 가벼운 것부터 심한 것까지 그 정도가 다양하지만, 대개는 명치의 약간 왼쪽에서 일어나고 심한 경우에는 어깨나 등으로 확산될 수 있다. 다량의 알코올을 섭취한 후 과식(특히 지방질이 많이 포함된 식사)을 한 경우에 발생하기 쉽다.

⑤ 우상복부통 : 담석, 담낭염 등 담낭의 병으로 인해 발생하는 경우가 많고, 오른쪽 어깨에 퍼지는 통증이 동반된다. 간염 등에서는 둔통(둔하고 무지근하게 느끼는 아픔)을 호소하는 경우가 있으며, 통증이 있을 때에는 간 비대가 동반된 경우가 많다.

⑥ 좌상복부통 : 심한 복통이라면 좌측 신결석인 경우가 많지만, 때로는 급성췌장염 등의 소화기 질환인 경우도 있다.

⑦ 우하복부통 : 급성일 때는 충수염(맹장염)인 경우가 많지만, 드물게는 장 결핵, 대장암인 경우도 있다. 여성의 경우는 월경곤란증, 자궁근종, 자궁외임신, 난소질환 등이 원인일 수 있다.

⑧ 전복부통 : 위장관의 천공, 급성 복막염, 장간막혈전증 등이 일반적으로 급성복증에 해당되며 심한 통증을 일으킨다. 이외에도 급성 대장염, 궤양성 대장염, 장 폐색 등의 질환도 복부 전체의 통증을 일으킬 수 있다.

## ☑ 비행 중 증상

- 메스꺼움, 구토현상이 나타나며 설사 또는 변비가 될 수 있다.
- 복부가 팽창하고 통증이 나타난다.

## ☑ 기내 응급처치

- 편안한 자세를 취하게 하고 구토가 나올 경우 기도가 막히지 않도록 조심한다.
- 산소를 공급할 수 있다.
- 음식물을 제공하지 않고 승객 자신이 소지한 약을 먹일 수 있다.

## ☑ 필요한 응급장비

- 소화제 및 환자가 소지한 약

 **26** 체온저하(Hypothermia)

## ☑ 정의

저체온증은 임상적으로 중심체온(심부체온)이 35℃

이하로 떨어진 상태를 말한다. 인체의 열생산이 감소되거나 열소실이 증가될 때, 또는 두 가지가 복합적으로 발생할 때 초래되며, 저체온증은 갑자기 생기거나 점차적으로 발생할 수 있다. 체온이 정상보다 낮아지면 혈액 순환과 호흡, 신경계의 기능이 느려지게 되며 특히 항공기 비상착륙/착수로 인해 갑자기 추운 환경에 노출되면 인체는 정상적으로 떨림과 근육긴장, 대사량 증가 등을 통해 체온을 유지하려고 하나 환경에 의해 점차적으로 신체의 방어능력이 떨어진다. 저체온증을 살펴보면 다음과 같다.

### ☑ 비행 중 증상

- 몸을 떨며 체온이 저하된다.
- 무감각, 무기력 현기증, 졸음이 동반된다.
- 판단력과 시력이 현저히 저하된다.
- 호흡과 맥박이 느려지며 의식을 잃는다.

> **우발성(환경성) 저체온증**
>
> 추운 환경에 노출되어 나타나는 것으로, 건강한 사람이라 하더라도 저체온증에 빠질 수 있다. 특히 옷을 충분히 입지 않고 비에 젖거나 바람에 맞으면 위험하다. 물에 완전히 젖거나 빠졌다면 물의 열전도율이 높기 때문에 더욱 체온을 쉽게 잃게 되는데, 이러한 경우 체온 손실은 물의 온도에 따라 달라지며, 보통 16~21℃ 이하의 수온에서 잘 일어난다.

### ☑ 기내 응급처치

- 젖은 옷을 벗기고 마른 옷과 담요 등으로 몸 전체를 감싼다.
- 서로 껴안거나 겨드랑이, 사타구니, 몸통 등을 온찜질하여 체온을 높여 준다.
- 따뜻한 음료를 천천히 제공한다.
- 편안하게 안정시킨다.
- 활력징후를 측정하며 필요시 산소를 공급한다.

### ☑ 필요한 응급장비

- 전자체온계, 혈압계, 청진기

## 27 동상(Frostbite)

### ☑ 정의

영하 2~10℃ 정도의 심한 추위에 노출되면 피부의 연조직이 얼어버리고

그 부위에 혈액공급이 없어지게 된다. 이러한 상태를 동상이라고 한다. 귀, 코, 뺨, 손가락, 발가락 등이 자주 발생하는 부위이다.

### ☑ 비행 중 증상

얼어버린 부위는 창백하고 부드러우며 광택이 있을 수 있다. 통증 등의 자각증상은 없으나 일단 따뜻하게 해주면 조직손상의 정도에 따라 증상과 피부병변이 나타난다. 손상받는 정도는 노출된 추위의 온도와 얼어 있던 시간과 직접적인 관계가 있다. 피부가 붉어지고 통증이나 저림 등의 불쾌감이 생길 수 있지만 손상 정도가 심하지 않다면 수시간 내 정상으로 회복된다. 심한 경우에는 조직이 죽으면서 물집이 발생할 수 있다.

- 동상부위의 피부색이 붉은색-황색-청색으로 변질된다.
- 동상부위가 차갑고 무감각하다.
- 통증을 느끼지 못한다.

### ☑ 기내 응급처치

- 몸을 따뜻하게 해준다.
- 상처부위를 따뜻한 물에 넣어준다.
- 상처부위를 건조시킨 후 느슨한 붕대로 감는다.

### ☑ 필요한 응급장비

- 거즈, 붕대, 따뜻한 물

## 28 두드러기(알러지, Allergy)

### ☑ 정의

두드러기는 피부나 점막에 존재하는 혈관의 투과성(물질분자의 통과나 침입을 허용하는 성질)이 증가되면서 일시적으로 혈장 성분이 조직 내에 축적되어 피부가 붉거나 흰색으로 부풀어 오르고 심한 가려움증이 동반되는 피부질환이다. 피부 상층부의 부분적인 부종에 의해서 피부가 부풀어 오르며, 심한 가려움증이나 따끔거림을 동반하는 경우가 많다. 벌레에 물렸을 때와 같이 피부가 부풀어오르는 것을 팽진이라고 하는데, 두드러기에서는 크기가 다양하고 붉은색으로 둘러싸인 팽진이 특징적으로 나타난다. 두드러기와 비슷하지만 피부의 깊은 곳부터 부풀어오르는 것을 혈관부종이라고 하며, 두드러기나 혈관부종은 5명 중 1명꼴로 일생에 한 번쯤은 경험하는 흔한 질환이다.

두드러기와 혈관부종은 대개 치료하지 않아도 24시간 이내에 흔적도 없이 사라지며 치명적인 경우는 없다. 그러나 어지러움, 숨을 쉴 때 쌕쌕거리는 천명음, 호흡곤란이 함께 발생하는 경우, 가슴이 답답하거나 혹은 혀, 입술, 얼굴에 부종이 있는 경우에는 생명에 위협을 줄 수 있으므로 전문의의 진료를 받는 것이 좋다.

두드러기는 기간에 따라 급성과 만성 두드러기 및 혈관부종으로 나누는데, 급성 두드러기는 대개 음식물이나 약물에 의해 발생되며 수일에서 최대 6주 이내에 호전되는 것이 대부분이고, 6주 이상 지속되는 경우를 만성 두드러기로 정의한다.

### ☑ 비행 중 증상

- 피부에 울긋불긋한 것이 돋고 매우 가려울 수 있다.
- 환부에 부종이 나타나며 열감이 있다.
- 호흡곤란, 저혈압, 쇼크가 일어날 수 있다.

### ☑ 기내 응급처치

- 환부에 냉찜질을 한다.
- 승객 소지 약물이 있나 확인 후 필요시 제공한다.
- 기내 의료인의 도움을 받아 항히스타민제를 사용할 수 있다.
- 심한 알러지 반응결과 호흡의 곤란이 있을 수 있으며 활력징후를 판단하여 인공호흡이나 CPR을 시행할 수 있다.

### ☑ 필요한 응급장비

- 페니라민, 얼음주머니, 항히스타민제제, 스테로이드제제

## 29 열피로(Heat Exhaustion)

### ☑ 정의

30도 이상의 더위가 계속되고 폭염이 지속되면 직사광선에 오래 노출되어 발생하는 일사병 등 온열 질환이 자주 생기게 되며 열사병은 일사병을 포함하는 온열 질환으로 가장 심각하기도 하고 사망률도 높은 질환이다. 체온이 40도가 넘어가고 땀이 나지 않아 피부가 건조하며 심한 두통, 어지러움, 구역질 증상을 보이며 의식이 혼미해지고 심하면 의식을 잃기도 한다. 이러한 증상을 열탈진, 열피로라고도 불리며 영어로 heat exhaustion으로 표현된다. 흔히 더위를 먹었다 라는 말이 열피로 증상과 관계가 있다. 아주 더운 날씨에 지나친 해수욕 등 무리한 해외레저 활동 후 항공기에 탑승하게 되면 증상이 나타날 수 있으며 항공기가 비상착륙/착수 후 햇볕을 피할 장소가 마땅치 않아 직사광선에 장시간 노출되게 되면 나타난다.

### ☑ 비행 중 증상

- 피부가 차갑고 창백해지며 땀으로 끈적거린다.
- 무기력 증세가 나타나며 메스꺼움, 현기증을 느낀다.
- 증세가 심할 경우 기절한다.

### ☑ 기내 응급처치

- 발을 머리보다 높게 하고 옷을 느슨하게 풀어주며 차가운 물수건을 이용하여 찜질해 준다.
- 바람을 통하게 하고 의식이 있는 경우 차가운 물을 공급해 준다.
- 필요한 경우 기내 비치된 산소를 공급해 준다.

### ☑ 필요한 응급장비

- 얼음주머니, 전자체온계

**CHOKING-기도막힘**

### ☑ 정의

공기는 인후두부, 기관, 기관지 등의 일련의
통로를 거쳐 폐에 도달한다. 이러한 일련의
통로를 기도라 하는데, 이것이 부분 혹은 전
체적으로 폐쇄되는 것을 기도 폐쇄라 한다.

일반적으로는 좁은 의미로 상기도, 즉 인후두부와 기관의 급작스런 폐쇄
를 의미하는 용어로 많이 사용되고 있다. 기관지 이하의 하부 기도에도
폐쇄가 나타날 수 있는데, 의학용어로서는 이러한 하기도 폐쇄를 가리키
는 의미로도 쓰인다.

이 중 비행 중 기내에서 제일 빈도가 높은 것은 이물질에 의한 기도 폐쇄,
즉 성인의 경우 주로 음식물, 어린이의 경우 장난감에 의한 것이다.

흔히 웃으면서 먹거나 잘 맞춰지지 않은 틀니를 한 채 혹은 음주 상태로
먹을 때 음식물이 기도로 넘어가 기도를 막을 수 있으며 저자의 경험으
로는 수년전 해외여행 가는 노인단체<sup>(경북지방 주민센터)</sup>에서 인절미를 가져와
먹다가 그중 한 분이 기도 폐쇄를 당해 하임리히 방법을 쓰게 된 아찔한
순간도 있었다.

### ☑ 비행 중 증상

- 숨을 쉬려고 하나 숨소리가 나지 않음
- 높은 음조로 헐떡거리거나 목을 움켜쥐는 행동을 함
- 기침을 하지 못하고 안색이 붉은색에서 푸른색으로 변함
- 심한 경우 의식소실 및 심장마비 발생

### ☑ 기내 응급처치

- 뒤에서 팔로 허리를 감싸 안는다.
- 주먹을 환자의 복부에 대고 위쪽 방향으로 압박한다.
- 이물질이 나올 때까지 계속해서 압박한다.

## ☑ 필요한 응급장비

- PO2, 하임리히법

**하임리히법(Heimlich maneuver)**

약물·음식 등이 목에 걸려 질식상태에 빠졌을 때 실시하는 응급처치법.
하임리히법(Heimlich maneuver 또는 abdominal thrusts)이란 기도가 이물질로 인해
폐쇄되었을 때, 즉 기도 이물이 있을 때 응급처치법이다. 서 있는 어른의 경우에는
뒤에서 시술자가 양팔로 환자를 뒤로부터 안듯이 잡고 검돌기와 배꼽 사이의 공간
을 주먹 등으로 세게 밀어 올리거나 등을 세게 친다. 단, 1세 미만의 영아에 대해서
는 45도 각도로 하임리히를 시행하도록 한다.

**31** 아토피로 인한 가려움증(Urtication)

## ☑ 정의

아토피 피부염은 주로 유아기 혹은 소아기에 시작되는 만성적이고 재발
성의 염증성 피부 질환으로 소양증(가려움증)과 피부건조증, 특징적인 습진
을 동반한다. 유아기에는 얼굴과 팔다리의 펼쳐진 쪽 부분에 습진으로 시
작되지만, 성장하면서 특징적으로 팔이 굽혀지는 부분과 무릎 뒤의 굽혀
지는 부위에 습진의 형태로 나타나게 되며, 많은 경우에 성장하면서 자연
히 호전되는 경향을 보인다.

## ☑ 비행 중 증상

- 건조한 기내 공기로 인한 가려움증 유발
- 손과 발 그리고 신체 일부까지 무제한 발진과 가려움증

## ☑ 기내 응급처치

- 냉찜질을 유도한다.
- 가려움증 예방을 위한 소지약을 복용시킨다.

## ☑ 필요한 응급장비

- 얼음주머니, 항히스타민제제, 스테로이드제제

## 아토피 피부염과 항공여행

많은 사람들이 성장기를 도시에서 보내면서 자연적인 외부 미생물에 의한 감염 기회가 줄어들어 면역력이 약화되는 반면, 환경은 갈수록 오염되어 가고 있어 아토피 피부염을 포함한 알레르기 질환 발생이 점차 증가하고 있다.

아토피 피부염은 가려움증을 동반하는 만성 재발성 습진질환으로 천식, 알레르기 비염과 함께 대표적인 알레르기 질환이다. 발병 원인이 확실하지는 않으나 유전적인 소인과 함께 정신적 스트레스, 공해, 곰팡이나 세균 등에 의한 감염, 피부자극과 같은 환경적 요인, 면역적 요인 등이 서로 복합적으로 작용하여 발병하는 것으로 알려져 있다. 아토피 피부염은 주로 5세 이전에 발병하여 성장하면서 40~80%는 자연 소실되나 성인이 되기까지 호전과 악화를 반복하는 만성 경과를 보이기도 한다.

아토피 피부염의 특징적인 증상은 가려움증, 건조한 피부, 홍반 등이다. 피부 자극에 매우 민감하여 가려워 피부를 긁으면 피부가 헐고 진물이 나거나 딱지가 앉게 되며 이 부위에 균이 들어와 2차 감염이 발생되기도 한다. 병세의 호전과 악화가 반복되면서 피부주름도 두터워진다. 증상이 심하면 가려움증으로 잠을 잘 자지 못하며 자신감 소실, 성적 저하, 집중력 감소, 운동 제한 등으로 학교생활이나 사회생활에 어려움을 호소하기도 한다. 초기에는 얼굴부터 증상이 발생되나 점차 목, 손목, 복부, 사지에 접히는 부위 등으로 퍼진다.

아토피 피부염은 환자마다 치료방법이 다르다. 피부염을 악화시키는 요인은 매우 다양하며 개인차도 크다. 건조한 공기, 높은 온도, 땀, 꽉 끼거나 거친 소재의 의복, 피부를 긁는 행동과 같이 피부를 자극하는 요인을 피해야 한다. 이 외에도 집 먼지 진드기, 꽃가루, 특정 식품 등에 아토피 피부염이 악화되면 집안에서 애완동물을 기르지 않거나 카펫을 치우는 등의 적절한 대처가 필요하다.

증상을 완화하고 재발을 예방하려면 깨끗하고 촉촉한 피부상태를 유지해야 한다. 땀을 많이 흘리면 가려움증이 심해지므로 적절한 온도와 습도를 유지하고, 땀을 흘린 후에는 미지근한 물로 10분 이내에 샤워를 마치는 것이 바람직하다. 피부의 수분을 유지하는 것은 매우 중요한 일이므로 샤워 후 보습제는 3분 이내에 사용하도록 하며 건조함을 느끼면 보습제를 수시로 발라주는 것이 좋다.

환경 교정 등에 예방적 방법으로 상태가 호전되지 않고 증상이 심한 경우 약물치료를 병행한다. 가려움증에는 항히스타민제 복용, 염증을 가라앉히는 데는 국소 스테로이드제(연고류)가 매우 효과적이다. 심한 경우 스테로이드제나 면역억제제를 복용하기도 한다. 그러나 이런 약들은 부작용의 위험이 있으므로 약물치료는 반드시 전문의 진료와 처방에 따라야 한다.

아울러, 항공여행시 기내 환경은 다소 건조한 편이기 때문에 아토피 피부염을 포함하여 피부가 민감한 경우 몇 가지 주의를 기울인다면 보다 즐겁게 여행할 수 있다. 예를 들어, 옷은 되도록 면제품을 착용, 꽉 조이는 옷은 피하고 손을 씻은 후에는 보습제를 발라주며, 얼굴이 건조하지 않도록 페이셜 워터 스프레이를 사용하는 것도 도움이 된다. 평소 사용하는 의약품이 있다면 반드시 손가방에 보관하여 갑자기 증상이 발현하였을 때 즉각 사용하도록 한다.

아토피 피부염은 꾸준한 관리가 중요하다. 자신에게 맞는 예방법과 치료로 건강한 피부상태를 유지하면 보다 높은 삶의 질을 누릴 수 있다.

**이코노미 클래스 증후군, DVT**(Deep Vein Thrombosis)

혈전증(血栓症)으로 사망에 이르는 과정

1. 장시간 움직이지 않고 앉아 있는 경우
2. 다리 정맥에 피가 돌지 않고 정체됨
3. 고인 피가 젤리처럼 굳어 혈전(血栓) 생김
4. 일어나 움직이면, 혈전이 정맥 타고 심장 쪽으로 이동
5. 심장에서 피로 가는 동맥을 막아버림
6. 급성 호흡 부전으로 심장마비 발생

### ☑ 정의

이코노미 클래스 증후군은 좁고 불편한 비행기의 일반석(이코노미 클래스)에서 장시간 비행하면 피가 제대로 돌지 않아 다리가 붓고 저려 오며, 이것이 오래되면 혈액응고로 사망에까지 이르게 된다는 신종 증후군으로 좌석이 넉넉한 '일등석' 또는 '비즈니스석'과 달리 비좁은 3등석 승객에게만 주로 나타나기 때문에 '이코노미 클래스 증후군', '일반석 증후군' 혹은 '3등석 증후군'이라고도 불린다.

### ☑ 비행 중 증상

- 좁은 장소에서 오랫동안 움직이지 않고 앉아 있으면 다리 정맥이 압박 되어 혈액 흐름이 원활하지 않아 혈전이 발생한다.
- 가족력, 암질환 병력, 60세 이상 고령자, 임신 말기, 전신마취 후, 흡연, 비만, 신장병, 진성 혈소판 증가증으로 인해 발생할 수 있다.
- 어지러우며 메스껍고 얼굴이 창백해지고 심하면 실신하여 사망까지 이를 수 있다.

### ☑ 기내 응급처치

- 다리를 높게 한다.
- 물을 충분히 마시게 하고 필요하면 기내 산소를 사용할 수 있다.

- 좌석에 앉아 있는 동안 일정시간 간격으로 다리 운동을 한다.
- 몸을 조이는 자세는 금물이며 수면제로 장시간 수면하지 않는다.

### 항공여행과 혈액 순환(이코노미 클래스 증후군)

이코노미 클래스 증후군은 항공기의 좁은 일반석에 장시간 앉아 여행하는 경우에 발생한다. 허벅지나 장딴지 등 다리 깊은 곳의 정맥에 피가 엉켜 혈전이 순환계에 장애를 일으키는 현상으로, 심부 정맥 혈전증이라고 한다.

근육의 수축은 혈류를 흐르게 하는 데 있어 중요한 요소이다. 오랫동안 움직이지 않거나 좌석에서 오래 앉아 있게 되면, 다리의 혈액 순환을 저해하여 피가 흐르지 않고 정체되어 있는 현상을 만들게 되고, 이는 혈전이라고 불리는 단단한 혈액 덩어리를 만들게 된다. 만들어진 혈전은 혈관을 타고 돌아다니다가 폐혈관을 막아 폐색전증을, 뇌혈관을 막을 경우 뇌졸중을 유발할 수 있는데, 이를 심부정맥 혈전증이라고 한다.

심부정맥 혈전증이 쉽게 발생하게 하는 위험 인자는 다음과 같다.

- 최근 큰 외과 수술을 받고 장기간 입원해 있었던 경우
- 평소에 비만, 사고 등으로 거동이 불편한 경우
- 혈액 응고 경향에 미치는 혈액 질환자(유전성)
- 당뇨, 염증성 장 질환, 심혈관계 질환자, 악성 종양 환자
- 흡연자
- 피임약을 정기적으로 복용하고 있는 여성이나 임신부

이런 위험 인자를 가지고 있는 경우 항공여행 전에 반드시 의사와 충분히 상담하고 유의해야 하는 사항에 대해 숙지해야 하며 예방적으로 약물 치료가 필요할 수 있다.

이코노미 클래스 증후군은 여성에게 특히 많이 발생하는 것으로 알려져 있다. 혈전과 함께 체내 수분 부족이 원인인데, 여성 승객들은 화장실에 가는 것을 번거롭게 여겨 음료수를 잘 마시지 않아 탈수 상태에 빠지고 혈류가 나빠져 혈전이 생기기 쉽기 때문이다. 그러므로 출발 전과 항공여행시 충분한 수분공급을 해 주어 탈수를 예방하는 것이 좋고, 위의 위험 인자를 가진 사람은 체내 탈수 상태를 만드는 술을 절대 피해야 한다.

또 한 가지 이코노미 클래스 증후군 예방에 중요한 것은 스트레칭과 체조이다. 2~3시간 좌석에 앉아 있었다면 그 이후에는 반드시 기내를 걸어서 돌아다니도록 하고, 앉아 있는 동안에도 종아리 근육을 움직이는 운동이나 발을 자극해 혈액 순환을 돕고 틈틈이 자리에서 일어나 자세를 바꿔주는 것이 좋다. 무릎 굽혔다 펴기, 신발 벗고 발목 돌리기, 발바닥 지압하기, 종아리 주무르기 등 발을 자극하는 운동 역시 혈액 순환에 도움이 되어 혈전 발생을 예방할 수 있다. 또한 동맥 혈전증을 예방하기 위해서는, 종아리에 탄력 스타킹을 신는 것도 도움이 된다.

### ☑ 필요한 응급장비
- 혈압계, 청진기, 전자체온계, 혈전용해제제

## 33 기내 출산(In -flight Delivery)

### ☑ 정의

항공기 탑승일자 기준 32주 미만 임 산부는 일반인 승객과 동일하게 간주 되나 출산이 임박했거나 임신 합병증 이 예상되는 경우에는 의사의 진단서 (medical auth)가 필요하며 탑승일자 기

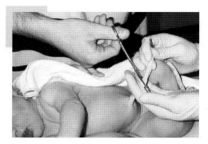

준 32주 이상 임산부는 건강진단서 및 서약서 2부를 작성/제출하여야 한다.

또한 탑승일 기준 아기의 출산일이 많이 남았음에도 불구하고 신체적/ 환경적 특성에 의해 기내에서 진통을 하며 아기를 낳는 것을 기내 출산(In flight Delivery)이라 한다.

### ☑ 비행 중 증상

- 등 아래쪽의 통증이 심해지며 하복부로 그 통증이 옮겨 간다.
- 혈색이 섞인 점액이 나올 수 있으며 월경통과 같은 진통이 10~20분 일 정한 간격으로 30~60초간 유지된다.
- 양수가 터져 갑자기 분출되거나 서서히 새어 나올 수 있다.(만일 진통 주기가 10분 또는 그 이상인 경우에는 항공기 비상착륙을 위한 충분한 시간이 있다고 판단된다)

### ☑ 기내 응급처치

- 기내에 탑승한 의료진이 신속한 진료를 할 수 있도록 산모를 객실 전방 으로 옮긴다.
- 산모승객을 안정시키며 소량의 얼음을 제공하고 무리하게 힘을 쓰지 않도록 일러준다.
- 산모승객의 화장실 출입을 억제하며 동일 공간에 함께 머물면서 안심 할 수 있도록 한다.
- 만일 진통 주기가 2~3분 간격이면 기내 응급출산 준비를 실시한다.

**기내 출산 진행 중 객실승무원의 역할**

객실승무원은 기내 출산상황 발생시 산모승객의 출산을 돕기 위해 닥터 페이징(Doctor Paging)을 실시하여 가능한 경우 의료인의 도움을 받도록 해야 하며 아래의 사항을 기장에게 연락하여 지상 EMCS(Emergency Medical Call System)로부터 필요한 의학적 도움을 청해야 한다.
지상 EMCS와 연락시 필요한 의학적 정보
(산모의 성명과 연령, 초산/재산 여부, 출산 예정일, 진통주기/지속시간/횟수, 양수의 분출 여부, 그외 시각적 증상)

- 산모의 머리쪽에 대기하여 진행상황을 관찰하고 산모승객의 안정을 돕는다. 아기가 자연스럽게 나오는지 확인한다.

- 정확한 출생시간을 기록한다.

- 아기가 숨을 쉬도록 유도한다.

- 탯줄을 자르지 않도록 한다. (단, 기내 의료진의 요구가 있을 경우 기내 비치된 탯줄집게와 소독된 가위를 사용하여 자른다)

**기내 출산 직후 객실승무원의 역할**

출산한 아기를 담요나 린넨으로 감싸 산모승객의 허벅지 상단부에 머리를 아래쪽으로 하여 옆으로 눕힌다.
산모승객이 태반을 분만하는 것을 돕는다.
산모승객의 원만한 지혈을 위해 의료진을 돕는다.
산모승객을 정서적으로 안정시킨다.

### ☑ 필요한 응급장비

- 담요, 린넨, 신문, 베개, 생리대, 화장지, 위생장갑, 외과수술용 장갑, 탯줄집게, 구토대, 따뜻한 물

# CPR
## (심폐소생술, Cardiopulmonary resuscitation)

## Chapter
## 06

# CPR
## (심폐소생술, Cardiopulmonary resuscitation)

CPR이란? 심폐소생술을 말하며, 부상이나 질환으로 인하여 호흡이 중단되거나 심장이 정지되었을 경우 의료진이 도착하기 전 구조호흡과 흉부압박을 시행함으로써 환자의 산소를 실은 혈액을 뇌와 각 장기에 보내주어 환자의 생존가능성을 높여주는 응급처치라 정의한다.

 **01** 심장이란?

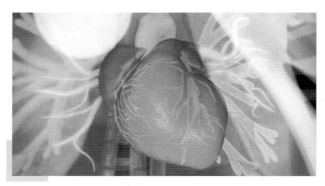

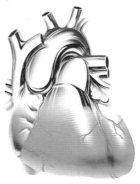

심장은 규칙적인 박동을 통해 우리 몸의 중요한 각 조직에 혈액을 통해 산소를 공급하는 중요한 장기이다.

##  심장의 구조

흉골 중심부에서 약간 왼쪽으로 치우쳐 위치해 있고 두 개의 심방과 두 개의 심실로 구성되어 심장은 관(Crown) 모양의 혈관(관상동맥)으로 둘러싸여 있다.

## 03 심장마비란?

- 정의 : 심장의 혈관, 즉 관상동맥이 막혀 심장근육으로 산소와 영양공급이 차단되기 때문에 발생한다.
  - 증상
    - 흉통
    - 식은땀
    - 구토감
    - 숨 가쁨
    - 의식소실
- 심장이 갑자기 정지된 상태에서 시간이 경과하면 할수록 기내 환자의 생존가능성은 감소하게 되고, 심장마비 승객이 4분 이내에 적절한 CPR을 받지 못하면 뇌로 산소공급이 되지 않아 뇌세포 손상이 일어나고, 뇌사 상태로 발전될 수 있으므로, 조기에 심폐소생술을 시행하는 것이 무척 중요하다.

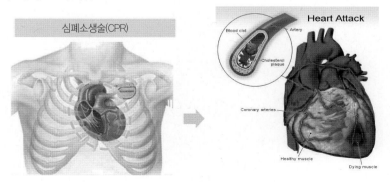

 **심장마비, 심정지의 주요 증상**

- Chest Pain(흉통)
- Sweating(식은땀)
- Nausea(구토감)
- Shortness of breath(숨가쁨)
- Loss of consciousness(의식소실)

 **CPR 방법**

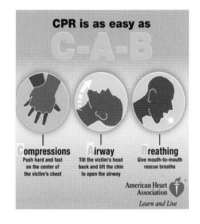

C : 가슴압박 30회
가슴 중앙, 5~6cm 깊이
분당 100~120회 속도

A : 기도 유지
머리 젖히고 턱 들기
(Head tilt-chin lift)

B : 인공호흡 2회
1초에 한 번씩 보통호흡
으로

☑ **심폐소생술(CPR 요령)**

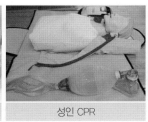

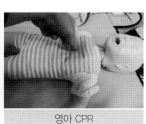

CPR하는 모습 · 성인 CPR · 영아 CPR

### ☑ 가슴 압박 30회

- 압박 깊이 : 성인 5~6cm, 소아 5cm, 영아 4cm
- 압박 속도 : 분당 100~120회
- 압박 위치 : 가슴 정중앙

### ☑ 기도 개방 방법

- 머리 젖히고 턱 들기(Head Tilt – Chin Lift) 방법
- 한 손바닥을 환자의 이마에 댄 후 아래쪽으로 밀어 머리를 뒤로 젖히고 다른 손 둘째 셋째 손가락으로 환자의 턱뼈 아래 부분에 대고 턱을 위쪽으로 들어올림
- 턱 밀어올리기(Jaw Thrust) 방법 : 경추 손상이 의심되는 경우 사용

### ☑ 기도 개방 각도

- 성인 : 90도
- 소아 : 45도
- 영아 : 15도

Bag valve mask 장착한 모습     마스크     마스크와 호흡기 조립된 모습

### ☑ CPR 절차 (1)

- 환자 발생
- 반응 및 호흡 확인
- 반응 없는 경우, 도움 요청 및 기내 의료기기(AED, Bag valve mask) 준비
- 심폐소생술 시작 (2인1조로 30회 가슴압박과 2회 인공호흡 5회 반복)

### ☑ CPR 절차 (2)

매 2분마다 환자승객의 상태를 다시 평가하여 활력반응이 돌아온 경우 회복자세로 변경 후 상황별 응급처치를 실시하고 돌아오지 않은 경우 CPR을 활력반응 돌아올 때까지 또는 의사에 의한 사망선고 시까지 계속 실시한다.

CPR에 관한 TIP : 2010 미국 심장학회 CPR GUIDELINE에 따라 가슴압박과 인공호흡을 교대로 시행하는 것이 어려운 상황이거나 인공호흡을 할 수 없는 상황 또는 익숙하지 않은 경우 가슴 압박만 계속 실시하는 것도 효과가 있다고 보고되어 있다.

# AED
## (심실제세동기, Automated External Defibrillator)

Chapter

07

# AED

## (심실제세동기,
## Automated External
## Defibrillator)

 **01** AED란

급작스런 심장 이상시<sup>(심실세동, 심실빈맥)</sup> 정지된 심장을
정상적인 리듬으로 회복할 수 있도록 하는 장치이며
적용할 수 있는 증상은

① 무의식

② 무호흡이 전제되며

③ 전 연령대에 적용한다.

☑ 조절되지 않는, 빠른 심장리듬
☑ 대표적 심정지 리듬 : 심실세동, 심실빈맥

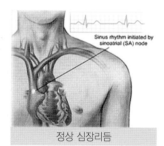
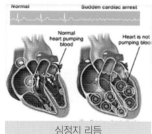

정상 심장리듬              심정지 리듬

**02** AED 구비 의무기관

구급대에서 운용 중인 구급차, 공공보건의료기관,
총 톤수 20톤 이상 선박, 철도차량 중 객차, 여객 항
공기 및 공항, 500세대
이상 공동주택, 다중이
용시설에서는 의무적
으로 구비하여야 한다.

 **AED 내부**

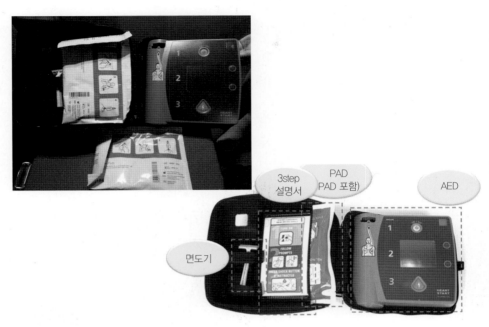

3step 설명서

PAD (PAD 포함)

AED

면도기

 **AED의 기본 음성 메시지**

- Apply pads to patient's bare chest.
  - 패드를 환자의 가슴에 붙이시오.

- Plug in pads connector next to flashing light.
  - 패드를 연결하시오.

- Analyzing heart rhythm. Do not touch the patient.
  - 심장리듬 분석 중, 환자를 건들지 마시오.

- Shock advised. Charging. Stay clear of patient.
  - 전기충격이 필요함, 환자로부터 떨어지시오.

- Deliver shock now. Press the orange button now.
  - 전기충격을 위해 오렌지색 버튼을 누르시오.

- Shock delivered. Paused. Start CPR.
  - 전기충격, 잠시대기, CPR을 계속 하시오.

**AED의 사용절차**

- AED가 도착하는 즉시, 전원을 켠다.
- AED의 음성 메시지에 따라 패드를 부착한다.
- 패드 커넥터를 AED와 연결한다.
- 환자의 심장리듬을 분석하기 위해 환자로부터 떨어진다.
- 충전 후 전기충격을 방지하기 위해 환자로부터 떨어진다.
- 제세동 버튼(중앙 하단) 누른다.
- 30회의 가슴압박부터 심폐소생술을 재시작한다.

 **AED PAD 부착 위치**

AED로 인한 전기충격의 세기는 건강한 남성이 주먹이나 발로 힘껏 환자의 가슴을 가격하는 정도의 큰 충격이다.

- 우측 쇄골 아래 부착한다.
- 좌측 가슴 아래 부착한다.
- 패드의 좌, 우 구분은 없다.

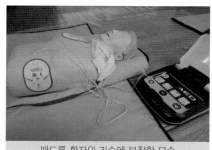

패드를 환자의 가슴에 부착한 모습

 **CPR과 AED의 사용절차**

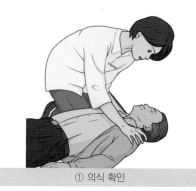

① 의식 확인

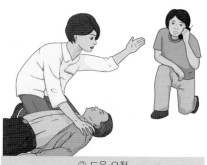

② 도움 요청

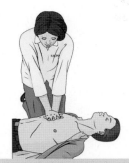

③ CPR 실시(30 : 2)

④ 인공호흡 실시

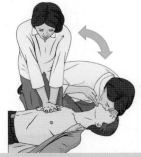

⑤ CPR 계속 실시

⑥ AED 도착–전원을 켠다.

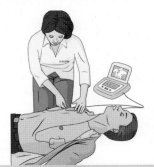

⑦ 환자의 가슴에 패드를 붙인다.

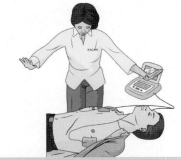

⑧ 전기충격 위해 주변사람을 보호한다.

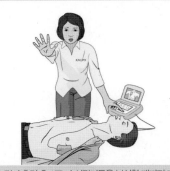

⑨ 전기 충격 후 AED가 심장리듬을 분석할 때까지 대기

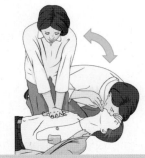

⑩ 다시 CPR을 실시한다.

사진자료 : 대한심폐소생협회

# 환자
# **대처상황**
# 기록하기

응급처치에 관한 기록(메디컬 레코드)

Chapter

08

환자
**대처상황**
기록하기

## 응급처치에 관한 기록 (메디컬 레코드)

### 1. 메디컬 레코드(Medical Record)의 개념

메디컬 레코드란 환자승객이 평소 기저질환이나 다른 곳에서 응급상황이 발생하여 개인의사나 병원 응급실 또는 응급구조대의 의료처치를 받은 기록을 의미하며 운항 중인 항공기 내에서는 환자승객의 처치에 시간대별 처치/의료기록 등에 관한 모든 사항을 기록하고 보관한 문서/기록을 말한다.

\* 기저질환 : 응급환자가 평소 앓고 있던 질환을 의미한다.

### 2. Medical Record 필수기록 사항

- 환자승객의 성명, 연령, 성별, 연락처(HP), 집 전화번호, 집주소

- 환자승객의 직업

- 보호자가 있으면 보호자 연락처, 집주소, 환자와의 관계

- 기내 응급상황 발생장소 및 시간

- 기내 응급상황 발생 당시 환자의 상태(혈압, 맥박, 호흡, 체온)

- 기내 응급상황 발생 당시 비행에 관한 상황(객실고도, 현지시간, 터뷸런스 등)

- 기내 응급상황에 대한 구체적 설명

- 기내 의료장비 사용 여부

- 시간대별 의료인 조치사항

- 시간대별 객실승무원 처치사항

- 도움을 준 의료인의 성명, 연락처(명함 권장)

## 3. Medical Record 작성 위한 기초의료용어

| 병력 | 영어표현 | 증상 | 영어표현 |
|------|----------|------|----------|
| 심장(질환) | Cardiac(Heart)(Disease) | 장염 | Enteritis, Colitis |
| 심부전 | Cardiac(Heart) Failure | 호흡곤란 | Dyspnea, Shortness of breathing(SOB) |
| 심장발작 | Heart attack | 기침 | Cough |
| 협심증 | Angina | 가래 | Sputum |
| 천식 | Asthma | 재채기 | Sneeze |
| 폐렴 | Pneumonia | 흉통 | Chest Pain |
| 천식발작 | Asthma attack | 어지럼 | Dizziness |
| 고혈압 | Hypertension | 오한 | Chill |
| 저혈압 | Hypotension, shock | 체온저하 | Hypothermia |
| 치매 | Dementia, Alzheimer's Disease | 구토 | vomiting |
| 간질, 경련 | Epilepsy, Seizure/Convulsion | 토혈 | Hematemesis, Blood vomit |
| 수술 | Operation, Surgery | 각혈, 객혈 | Hemoptysis, Blood sputum |
| 맹장수술 | Appendectomy | 동공 | Pupil |
| 폐암 | Lung Cancar | 동공확대 | Pupil Diliatation/Mydriasis |
| 간암 | Liver Cancer/Hepatoma | 심박수, 맥박수 | Heart Rate(HR), Pulse Rate(PR) |
| 대장암 | Colon Cancer | 코피 | Epistasis, Nose Bleed, Nasal Bleeding |
| 위암 | Stomach Cancer | 맥박 | Pulse |
| 자궁암 | Uterine Cancer | 구강호흡 | Mouth to Mouth Breating |
| 백혈병 | Leukemia | 인공호흡 | Artificial Respiration |
| 골수 | Bone marrow | 과호흡 | Hyperventilation |
| 골수 이식 | Bone marrow Transplantation | 저산소증 | Hypoxia |
| 뇌경색 졸중 | Cerebral Infarction | 우울증 | Depression |
| 뇌출혈 | Brain(Cerebral) hemorrhage | 불면증 | Insomnia |

| 병력 | 영어표현 | 증상 | 영어표현 |
|---|---|---|---|
| 뇌졸중 | Stroke(뇌경색과 뇌출혈을 모두 의미) | 만성적 | Chronic |
| 당뇨 | Diabetes/Diabetes Mellitus/DM | 일시적 | Temporary |
| 심혈관 | Cardiovascular | 폐쇄공포증 | Claustrophobia |
| 공황장애 | Panic attack | 불안정한 | Unstable |
| 골절 | Fracture | 소변 | Urine |
| 염좌 | Sprain | 대변 | Stool |
| 외상 | External Injury | 경직 | Stiffness |
| 염증 | Infection | 깊은 호흡 | Deep Breathing |
| 타박상 | Contusion | 창백하다 | look Pale, white |
| 찰과상 | Abrasion, Scratch | 심전도 | EKG(Electrocardiogram) |
| 열상 | Laceration | 뇌전도 | EEG(Electroencephalogram) |
| 자상 | Stab wound | 동맥 | Artery |
| 체하다, 소화불량 | Indigestion | 정맥 | Vein |
| 위경련 | Stomach cramp | 정맥주사 | Intravenous Injection |
| 몸살 | Generalache | 근육주사 | Intramuscular Injection |
| 땀 | Sweat | 속이 더부룩하다 | Feel heavy in the stomach |
| 금단증상 | Withdrawal Symptoms | 설사 | Diarrhea |
| 빈혈 | Anemia | 변비 | Constipation |
| 고소공포증 | Acrophobia | 마비 | Paralysis |

| 의료기기/처방 | 영어표현 | 전공의 | 영어표현 |
|---|---|---|---|
| 체온계 | Thermometer | 소아과/의사 | Pediatrics/Pediatrician |
| 수은체온계 | Mercury Thermometer | 내과/의사 | Internal medicine/Internist |
| 청진기 | Stethoscope | 이비인후과/의사 | Ear-Nose-and-Throat(ENT) clinic, Otolaryngology/Otolaryngologist |
| 혈당계 | Glucometer | | |
| 혈압계 | Sphygmomanometer, Blood Pressure meter | 산부인과/의사 | Obstetrics-gynecology(OBGY)/Obstetrician |
| 투약 | Administration | 안과/의사 | Ophthalmology/Ophthalmologist |
| 주사 | Injection | 외과/의사 | Surgery/Surgeon |
| 부작용 | Side effect | 피부과/의사 | Dermatology/Dermatologist |
| 후유증 | After effect | 치과/의사 | Dental clinic/Dentist |
| 전염 | Contagion, Infection | 한의학/의사 | Oriental Medicine/Oriental Doctor |
| 지혈 | Hemostasis, Stop the bleeding | 비뇨기과/의사 | Urology/Urologist |
| 식염수 | Saline Solution | 마취과/의사 | Anesthesiology/Anesthesiologist |
| 연고 | Ointment | 정신과/의사 | Psychiatry/Psychiatrist |
| 소독약 | Antiseptic | 방사선과/의사 | Radiology/Radiologist |
| 해열제 | Antipyretics, Fever Reducer | 신경과/의사 | Neurology/Neurologist |
| 설사약 | Diarrhea medicine, antidiarrheal | 정형외과/의사 | Orthopedic surgery(OS)/Orthopedist |
| 진통제 | Pain Killer | ○○과 의사 | ○○○ Physician |
| 소염제 | Antiinflammatory | 조산사 | Midwife |
| 면봉 | Cotton swab | | |
| 소화제 | Digestive Medicine | | |

## 비행 중 응급처치 실제사례

### 염좌/삠

- 일자 및 구간 : 2013년 9월 28일, 인천 국제공항 /뉴질랜드 오클랜드 국제공항
- 인적사항 : 52세 한국여성
- 기내 상황 개요 및 처치
  - 이륙 세 시간 후 심한 기체요동이 발생하였음.
  - 화장실 이용 위해 기다리던 승객이 부상을 입어 오른쪽 발목 부분에 통증을 심하게 호소함.
  - 기내 의사 호출 후 염좌가 의심된다며 부목과 붕대를 이용하여 부상 부위 고정하고 아스피린 처방함.
  - 보행이 불가능해 기내 탑재된 휠체어를 이용하여 해당 승객의 좌석으로 이동 후 다리를 뻗어 올릴 수 있도록 조치함.
  - 뉴질랜드 오클랜드 공항 도착 후 지상직원에게 병원진료 인계함.

### 위통

- 일자 및 구간 : 2013년 10월 22일, 인천 국제공항/워싱턴 덜레스 국제공항
- 인적사항 : 60세 한국여성
- 기내 상황 개요 및 처치
  - 워싱턴 공항 착륙 2시간 전 승객이 식은땀 흘리며 위 통증을 호소함.
  - 승무원이 차가운 타월과 물을 제공하고 의사호출(Doctor paging) 방송 실시
  - 기내 의료진이 승객 진찰 후 승객이 소지하고 있던 진경제를 복용하도록 안내
  - 이후 승객을 지속적으로 관찰하였고 상태 호전되어 정상적으로 하기함.

### 임신부 하혈

- 일자 및 구간 : 2013년 12월 27일,  인천 국제공항/샌프란시스코 국제공항
- 인적사항 : 38세 한국여성
- 기내 상황 개요 및 처치
  - 임신 3개월된 경산부로 복통과 하혈증상을 호소
  - 활력징후 측정하고 의사호출(Doctor paging) 방송 실시
  - 의사에 의해 승객 상태 확인 후 편안한 자세로 휴식을 취하고 30분 간격으로 활력징후 확인하도록 당부함.
  - 활력징후 측정 결과 정상소견이며 하혈 정도도 심하지 않음.
  - 기내 의사가 산부인과 정밀검진을 권유하여 도착 후 샌프란시스코 지상직원에게 인계하여 현지 병원으로 이송함.

## 심장이상

- 일자 및 구간 : 2014년 3월 23일, 인천 국제공항/브라질 상파울루 국제공항
- 인적사항 : 60세 한국여성
- 기내 상황 개요 및 처치
  - 인천 국제공항 이륙 약 6시간 후 승객이 몸의 불편감을 호소하며 혈압측정을 요청함.
  - 승무원이 자동혈압계를 이용하여 혈압을 측정하였으나 측정되지 않음.
  - 의사호출(Doctor paging) 방송 실시하여 기내 의료진에게 도움을 청하고 자동 혈압계로 승객의 혈압을 재측정 시도함.
  - 기내 의료진의 승객 문진시 심장 부정맥으로 PACE MAKER 삽입한 상태임을 확인하였고 이로 인해 자동혈압계로 측정이 어려울 수 있다며 직접 맥박을 확인함.
  - 본인 소지약 복용, 기내 휴대용 산소통을 이용하여 산소 제공 및 휴식을 권유
  - 이후 상태 호전되어 워싱턴에 정상 하기함.
    PACE MAKER-심장의 리듬을 감지하여 규칙적인 심박동이 유지될 수 있도록 하는 기구이며 공항 검색대 통과시 박동기 카드 또는 의사소견서를 보여주면 검색 없이 통과한다.

## 폐질환

- 일자 및 구간 : 2014년 4월 21일, 인천 국제공항/나고야 국제공항
- 인적사항 : 17세 일본여성
- 기내 상황 개요 및 처치
  - 휠체어를 이용하여 공항에 도착하였음.
  - 재발성 기흉으로 인해 흉관 삽입술을 시행한 상태이며 비행 가능하다는 의사소견서를 소지하였음.
  - 이륙 후 승객 일행이 의사로부터 비행 중 산소를 흡입하도록 권유받았다며 산소 제공을 요청함.
  - 기내에서 휴대용 산소통을 이용하여 약 40분 정도 산소를 흡입함.
  - 특이사항 없이 나고야 공항에 정상 하기함.

## 코피

- 일자 및 구간 : 2014년 5월 6일, 인천 국제공항/캐나다 토론토 국제공항
- 인적사항 : 50세 한국여성
- 기내 상황 개요 및 처치
  - 비행기 이륙 후 약 10시간 후 다량의 비출혈 호소
  - 객실승무원에 의해 얼음찜질 및 콧등지압 실시
  - 기내 의료진에 의해 혈압측정 결과 117/95mmhg로 측정됨.
  - 이후 잠시 비출혈이 멈췄으나 재출혈로 FAK 내 나리스타-S를 사용함.

- 콧등과 목 뒷부분에 얼음주머니 이용하여 지혈 후 약 30분 정도 지나 상태 호전
되어 토론토 국제공항에 정상 하기함.

## 피부상처

- 일자 및 구간 : 2014년 7월 27일, 인천 국제공항/암스테르담 국제공항
- 인적사항 : 57세 유럽여성
- 기내 상황 개요 및 처치
  - 비행 중 기내 화장실 문에 발톱이 부딪혀 다량의 출혈 발생
  - 승무원이 FAK 내 소독솜과 EMK 내 생리식염수를 이용하여 상처 소독 및 드레
  싱 조치를 취함.
  - 이후 정상활동 가능하여 특별한 문제 없이 하기함.

## 복통, 구토, 설사

- 일자 및 구간 : 2014년 9월 3일, 인도네시아 자카르타 국제공항/인천 국제공항
- 인적사항 : 36세 한국여성
- 기내 상황 개요 및 처치
  - 비행 중 지사제를 요청하는 승객에게 정로환 제공
  - 보호자가 복통이 심하다고 하며 의사호출(Doctor paging) 방송 요청하여 실시
  - 환자승객의 현지 섭취한 음식을 확인해본 결과 발리에서 랍스터, 연어회, 맥주
  를 마셨다고 함.
  - 기내 의료진이 탑승하지 않아 조종실에서 EMCS 연락 후 기내의 겔포스, 부스코
  판, 타이레놀 제공함.
  - 승객상태 호전됨.

## 화상

- 일자 및 구간 : 2014년 12월 9일, 인천 국제공항/애틀랜타 국제공항
- 인적사항 : 4세 한국남성
- 기내 상황 개요 및 처치
  - 이륙 후 기내식 서비스시 미역국을 오른쪽 허벅지에 쏟아 화상을 입은 유아승객
  발생
  - 상처 확인 결과 보호자가 해당 유아의 바지를 무리하게 벗기면서 수포를 터트린
  상태였음.
  - 생수와 얼음팩을 이용하여 지속적으로 화기를 제거함.
  - 의사호출(Doctor paging) 방송을 실시하였으나 의료진의 부재로 조종실에서
  EMCS와 연락함.
  - EMK 내 생리식염수로 소독 후 화상거즈, 실마진약을 피부에 도포함.
  - 애틀랜타 도착 후 대기 중이던 공항 의료진에게 환자승객 인계함.

## 가슴통증 및 호흡곤란

- 일자 및 구간 : 2015년 1월 4일, 케냐 나이로비 국제공항/인천 국제공항
- 인적사항 : 72세 한국남성
- 기내 상황 개요 및 처치
  - 이륙 후 4시간 뒤 가슴통증 및 호흡곤란을 호소하여 기내 휴대용 산소통을 이용 산소 제공
  - 왼쪽 가슴을 부여잡고 계속 가슴통증을 호소하여 협심증을 의심함.
  - 의식을 점점 잃어가고 있어 승무원이 생명 위험상황이라 판단하였고 나이트로 글리세린을 투여하면 증상이 호전됨을 알고 있어서 EMK 내 NTG(나이트로글리 세린) 1정을 설하에 투여하고 휴식을 취하게 함.
  - 승객상태 호전되어 인천 국제공항에 무사히 하기함.

## 가슴통증 및 호흡곤란

- 일자 및 구간 : 2015년 3월 7일, 로스앤젤레스 국제공항/인천 국제공항
- 인적사항 : 49세 한국여성
- 기내 상황 개요 및 처치
  - 승무원이 기내 순회 중 흉통 및 호흡곤란 승객 발견하여 즉시 산소를 제공함.
  - 의사호출(Doctor paging) 방송을 실시하고 기내 의료장비를 준비함.
  - 승객 건강상태 체크리스트에 의거 환자상태 파악함.
    (BP:97/136, P:95 BT:37.2도, 의식명료하고 의사소통 가능)
  - 왼쪽 윗부분 가슴에 손을 대며 통증이 심하고 호흡곤란 호소
  - 재 의사호출(Doctor paging) 방송을 실시하였으나 기내 의료진 부재함.
  - 상기 내용을 기장에게 보고하고 EMCS와 연락을 취함.
  - 환자승객의 혀밑에 나이트로글리세린(NTG)을 넣고 발을 높이고 머리를 낮추도록 함.
  - 환자상태가 호전되지 않아 두 번째로 EMCS와 연락하였고 EMCS에서는 NTG를 다시 한 번 더 사용할 것을 권고함.
  - 여전히 가슴통증과 호흡곤란을 호소함.
  - 승객의 손가락을 마사지해주니 훨씬 가슴이 편안해진다며 계속 마사지를 원하여 착륙 전까지 마사지 및 산소를 공급함.
  - 인천 국제공항 도착 1시간 전 원래의 상태를 회복하고 공항에서 대기시켜 놓은 구급차를 타고 삼성서울병원으로 이송함.

## 간질

- 일자 및 구간 : 2015년 4월 18일, 로스앤젤레스 국제공항/인천 국제공항
- 인적사항 : 23세 한국남성

- 기내 상황 개요 및 처치
  - 미국 로스앤젤레스 국제공항을 이륙한지 7시간 경과시점 한 승객이 구토증세를 호소하며 소화제를 요청하여 약을 제공하던 중 좌석에 쓰러져 의사호출(Doctor paging) 방송 실시
  - 잠시 후 의식을 회복하여 문진한 결과 교통사고 후유증으로 수년 전부터 간질증세가 있었으나 현재 복용 중인 약은 소지하고 있지 않음.
  - 10분 정도 경과 후 발작과 함께 구토하여 쓰러짐.
  - 간질증세로 혀를 깨물어 구강에서 선혈이 낭자했고 기내 의료진이 EMK 내 진정제(디아제팜)를 투약함.
  - 이후 4시간 동안 3회 추가로 발작하였으며 인천 국제공항 도착 즉시 구급차를 이용하여 병원으로 이송함.

**당뇨**

- 일자 및 구간 : 2015년 5월 28일, 인천 국제공항/시카고 오헤어 국제공항
- 인적사항 : 68세 한국남성
- 기내 상황 개요 및 처치
  - 평소 당뇨환자이나 본인의 약과 혈당기를 소지하지 않고 비행기에 탑승함.
  - 비행 중 호흡곤란을 호소하여 의사호출(Doctor paging) 방송을 실시 후 기내 의료진이 나타남.
  - 의료진이 기내의 혈당측정기를 이용하여 혈당을 확인한 결과 510 수치로 판정됨.
  - 의료진이 소지하고 있던 인슐린 30단위와 EMK 내 수액을 환자승객에게 주사함.
  - 이후 전신의 통증을 호소하여 아스피린 1정을 복용하였으며 인천 국제공항까지 비행이 무리하다는 의료진의 판단을 기장에게 전하여 비행 중 일본의 삿포로 국제공항에 긴급회항함.
  - 삿포로 공항에 도착 후 대기하고 있던 구급차에 탑승하여 현지 대형병원으로 이송됨.

**정신질환**

- 일자 및 구간 : 2015년 8월 3일, 뉴욕 존에프케네디 국제공항/인천 국제공항
- 인적사항 : 38세 한국여성
- 기내 상황 개요 및 처치
  - 비행기 탑승 전 지상에서 보호자(남편)가 사무장에게 비행 중 잘 보살펴 달라고 요청함.
  - 보호자에 따르면 아내가 혼자 비행기 타는 것을 불안해 하여 안정제를 복용하였다고 하였으며 단순 심리적 불안으로 판단하고 탑승조치함.
  - 이륙 후 약 5시간 후 불안감을 표현하며 알 수 없는 이야기와 욕설을 주위승객에게 하였음.

- 승객의 상태를 확인 중 가방에서 본인의 이름이 명시된 4개의 약통을 발견하여 EMCS에 약의 내용을 확인요청함.
- EMCS에서 승객이 소지하고 있던 약을 확인해본 결과 신경안정제 및 우울증 치료제로 이상행동을 보일 수 있으니 집중관찰할 것을 안내받음.
- 승객을 설득시켜 약을 복용시킨 후 증세가 차츰 호전되기 시작하였으며 인천공항에 도착 후 지상직원에게 상기의 내용을 설명하고 인계하였음.

### 고열

- 일자 및 구간 : 2015년 9월 28일, 캐나다 밴쿠버 국제공항/인천 국제공항
- 인적사항 : 11세 한국남성
- 기내 상황 개요 및 처치
  - 비행 중 고열(당시 체온 40.5도)로 승무원이 타이레놀, 얼음주머니와 찬물수건을 제공했으나 고열이 계속 되었음.
  - 의사호출(Doctor paging) 방송을 실시하여 기내 의료진이 진찰해 보니 인후염 소견으로 건강상태 관찰 후 소지하고 있던 약을 복용하게 함.
  - 이후 증상이 회복되어 인천 국제공항에 정상적으로 하기함.

### 고열

- 일자 및 구간 : 2015년 10월 3일, 인천 국제공항/파리 국제공항
- 인적사항 : 8세 한국남성
- 기내 상황 개요 및 처치
  - 인천 국제공항 이륙 후 6시간 경과 고열(당시 체온:38.6도)을 호소하는 어린이가 발견되어 승무원이 어린이용 타이레놀을 제공하여 복용
  - 타이레놀 복용 후 체온이 37.9도로 약간 떨어짐.
  - 3시간 후 다시 체온이 원래상태로 상승되어 재차 약을 복용하고 의사호출(Doctor paging) 방송을 실시함.
  - 기내 의료진이 진찰 후 서스펜 좌약을 항문에 투약하였고 이후 상태 회복됨.

### 고혈압

- 일자 및 구간 : 2015년 11월 24일, 인도 뭄바이 국제공항/인천 국제공항
- 인적사항 : 62세 한국여성
- 기내 상황 개요 및 처치
  - 비행 중 승객이 두통과 흉통을 호소하며 도움을 요청함.
  - 평소 고혈압이 있어 약 1시간 전에 소지하고 있던 약을 복용한 상태라고 말함.
  - 의사호출(Doctor paging) 방송을 실시하여 기내 의료진이 확인해본 결과 혈압이 227/115mmHg로 측정되었고 어러지움과 구토증상도 추가로 호소하여 고혈압으로 진단

- 기내 의료진이 EMK 내 PRANOL(혈압약)과 MACPERAN(항구토제)를 각 1정씩 처방하여 복용하였으며 약 20분 후 혈압을 재측정해본 결과 154/97mmHg로 낮아짐.
- 이후 승객도 증상이 회복되어 수면을 취하고 인천 국제공항에 정상적으로 하기함.

### 허혈성 심장질환

- 일자 및 구간 : 2015년 12월 14일, 사우디아라비아 제다 국제공항/인천 국제공항
- 인적사항 : 55세 한국남성
- 기내 상황 개요 및 처치
  - 사우디아라비아를 이륙하여 인천 국제공항까지 10시간 정도 남은 시점에 한 승객이 심장쪽의 쥐어짜는 듯한 통증을 호소함.
  - 의사호출(Doctor paging) 방송을 즉각 실시하여 나타난 기내 의료진에 의해 NTG(나이트로글리세린)를 환자승객의 혀밑에 넣게 함.
  - 환자승객은 두달 전부터 고혈압 약을 복용 중이며 가끔 가슴통증이 있었다고 함.
  - 생리식염수 정맥주사와 활력징후를 측정함(혈압 : 148/58, 맥박 : 104).
  - 의료진과 회항 여부를 논의하였으나 AED로 심전도 모니터 및 혈압 재측정 결과 호전양상을 보여 인천 국제공항까지 비행을 계속하기로 결정함.
  - 환자승객의 안정을 위해 디아제팜 및 NTG를 2차례 더 투약함.
  - 인천 국제공항 도착 후 구급차로 이송함.

## 기내 응급환자 발생 및 회항 보고사례

### 일자 및 구간

- 2014. 12. 1.  인천 국제공항/달라스 포트워스 국제공항
- STD 23:55 / STA 06:50, ATD 24:09 / ATA 08:45
- FLIGHT TIME(비행시간) : 13시간 20분

### 환자 인적사항

- TRAN/******* (남성, 베트남계 미국인, S/N : 35D, 1954년생)
- 동반인 없이 탑승하였으며, 미국 국내선 연결편 승객임.

### 발생 개요

인천 국제공항 이륙 1시간 50분 경과 시점에 승객이 이상징후를 보여(의식불명) 즉시 CPR 및 구조호흡, AED MONITORING 실시하였으며, 일본 나리타 국제공항으로 회항 후, 일본 현지 의료인에게 인계하여 병원 후송 조치함.

### 시간대별 상세 경위(KST-한국시간)

- 02:19 TAKE OFF (이륙)

- 02:40 동 승객은 비행 중, 음료 서비스시 물을 반 잔 마셨으며 AVOD를 시청한 후 취침하였음.

- 04:10 옆 좌석 여자 승객이 동 승객의 이상징후를 느끼고 승무원을 호출하여, 즉시 승객의 상태를 확인함(맥박은 약하게 잡히고 있으나 동공이 풀려 있었으며 거품이 섞인 침을 흘리고, 자극에도 반응하지 않는 의식불명 상태였음).

- 04:11 승객을 좌석에서 끌어내어(승객의 좌석이 소변에 젖어 있는 것을 발견) L2 DOOR SIDE로 옮긴 후, CPR 실시함. 아랫 틀니가 반쯤 걸려 있어, 제거 후 기도 유지 및 구조호흡 실시함.

- 04:12 타 승무원에게 도움 요청 후, 기장에 보고 및 DOCTOR PAGING 실시함 (의사는 나타나지 않음). 또한 도움을 요청받은 승무원들이 AED, PO2 BOTTLE, BAG VALVE MASK를 가져와 승객에게 부착하고 지속적으로 CPR 실시함.

- 04:13 2차 DOCTOR PAGING 실시 및 2분 간격으로 추가 DOCTOR PAGING 2회 실시하였으나, 의사는 없었음.
  (야간 비행으로 대부분의 승객들이 깊이 취침한 상태였음)

- 04:17 COCKPIT(조종실)에 들어가 EMCS로 통화 시도하였으나, 연결이 안 됨. 기장에 연락이 되면 알려 달라고 요청하고, 승객의 상태 확인 및 CPR 지속 교대 실시(객실승무원끼리 조를 이루어 교대로 AED의 지시에 따라 CPR 및 구조호흡을 실시)

- 04:30 EMCS 연결되어 당직 의사에게 환자 상태 보고하였으며, 지속 CPR 실시할 것과 기장과 회항을 협의함.

- 04:35 기장은 항공기 종합통제센터와 회항 결정 후, 여부를 알려주겠다고 함.

- 04:40 NRT(일본 나리타 국제공항)로 회항하기로 결정되었음을 통보받음(회항 예정 안내 방송 사무장 실시).

- 04:50 기장으로부터 약 15분 정도 후에 NRT 공항에 착륙할 것임을 전달받음.

  * 승객 의식불명 발견 후, 지속 CPR 실시하였으며, 승객의 맥박이 약하게 잡히고 AED는 승객의 심장 리듬을 보여주며 SHOCK에 대한 지시 없이 CPR을 지속할 것을 지시함.

- 05:04 승객의 심장 리듬을 분석하던 AED로부터 SHOCK을 지시받아, 1회 SHOCK 실시함.
  이후 추가 SHOCK 지시는 없었으며 현지 의료인에게 인계시까지 CPR 실시

- 05:10 CPR 지속 실시하며 NRT(나리타 국제공항) 공항 착륙

- 05:12 회항공항 임시 착륙 안내 방송 사무장 실시

- 05:15 L1 DOOR OPEN
  대기하고 있던 현지 의료진(남2명, 여1명)이 기내에 들어와 승객의 상태 확인 후, 승무원과 교대하여 CPR 실시함.

당사 지상 직원은 아직 SHOW UP 하지 않아, 나리타 국제공항 직원에게 AMBULANCE 관련 문의하였으며, AMBULANCE 대기 및 현지 의료진에 의한 병원 이송을 전달받음.

- 05:17 탑승객 기내 착석 및 대기 안내 방송 실시 및 각 CLASS별로 대 고객 개별 안내 실시함.
- 05:20 R2 DOOR로 AMBULENCE 도착할 것임을 통보받음.
- 05:28 R2 DOOR OPEN하였으나, 환자 이송을 위해 추가 인원을 기다림(현지 의료진의 STRETCHER 준비가 원활하지 못함).
- 05:44 추가 인원 4명 도착하였으며, STRETCHER를 이용하여 R2 DOOR로 환자 하기시킴(현지 지상 직원 SHOW UP).
- 05:45 기장에 보고 후 R2 DOOR CLOSE
  항공기 정비 관련하여 RELEASE해야 할 내용 및 환자승객의 CHKED BAGGAGE 1EA를 하기한 후에 이륙이 가능함을 전달받고, 환자승객의 짐을 내리는 작업을 실시함.
- 05:50 환자승객 짐 하기 예정 방송 실시
- 05:56 승객 짐 하기 방송 추가 실시하였으며, ZONE별 개별 안내 실시
- 06:02 승객 짐 지연 하기 방송 실시
- 06:15 기장 추가 안내 방송 실시(환자 발생으로 인한 회항 양해 및 지연 안내)
- 06:30 짐 하기
- 06:36 DOOR CLOSE
- 06:38 PUSH BACK
- 06:50 TAKE OFF
- 08:45 달라스 국제공항 LANDING(착륙)

## 기타 사항

- 탑승시 동 승객은 건강상 이상징후를 보이지 않았으며, 지상직원으로부터 전달받은 사항(서약서 등)은 전혀 없었음.
- 휴대수하물은 없었으며, 소지품으로는 안경, 틀니, 모자가 있었고, SLEEPER를 신은 상태로 여권 및 TICKET를 주머니에 소지하고 탑승함(하기시 의료진에 인계함).
- CPR 실시 중, 환자승객의 바지 주머니 속의 약병이 발견되어, NRT 현지 의료진에게 인계함.
- 의식불명 상태 전까지는 옆 승객들도 건강상태의 이상징후를 느끼지 못하였다고 함.
- 35C에 착석한 승객의 증언에 따르면 자는 도중 약간의 경련을 일으켰으며, 이후 숨을 거칠게 들이쉬는 것을 목격하고 곧바로 승무원을 호출한 것이라 함.

- 발견 즉시부터, NRT 공항 도착 후, 현지 의료진에 인계시까지 쉬지 않고 CPR, AED HEART RHYTHM MONITORING 및 구조호흡을 실시함.
- 현지 의료진은 지속 CPR 실시, 환자 기도 내의 이물질 제거 및 구조호흡, 주사를 투여하였음.
- 현지 의료진 도착 후, 동 의료진이 준비한 대용량 PO2 BOTTLE 교체하여 구조호흡 실시하였으며, 환자승객 하기시, NRT 의료진이 소지한 AED로 교체함.
- NRT LANDING SIGN ON 시, 10G, H에 앉아 취침 중이던 승객이 깨어나 의사라고 얘기하여, 환자 상태 확인을 요청하였으나, 승무원의 조치가 매우 정확하다고 하며, 당시 도움될 만한 사항이 없어 좌석으로 돌아감. 이후 승무원의 정확하고 숙련된 환자 조치에 대해 놀라움과 칭송을 표현함.
- 환자승객 AMBULANCE 이송시까지 심장 박동은 뛰는 상태로 AED에 표시됨.
- NRT 기내 대기시, 대부분의 승객은 계속 취침하였으며 승무원은 지속적인 WALK AROUND를 통한 대 고객 안내 및 음료를 제공함.
- 회항 관련 불만을 표출한 승객은 없었으며, 오히려 환자승객의 상태를 문의하거나 승무원을 격려하였음.
- 연결편 관련 문제는 없었으며, 연결 승객 2명은 도착 후, 대기하고 있던 지상직원에 인계함(항공기 종합통제센터로부터 조치사항을 전달받아 대 고객 안내 실시).
- 35C 승객의 목격자 진술서 확보함.
- 환자 승객이 사용한 오염 물질은 BIO HAZARD BAG에 넣어 인천 공항 도착 후 인계하였으며, 오염된 승객 좌석 CUSHION 교체 및 승객 처치를 위해 사용한 PO2 BOTTLE, AED, RESUSCITATOR BAG은 CDLM에 기재하였음을 보고함.

### ✈ 비행 중 응급처지 실제사례 용어해설

| 사용된 용어 | 용어해설 |
|---|---|
| BP | 혈압-Blood Pressure |
| BT | 체온-Body Temperature |
| NTG | 나이트로글리세린, 심장 이상에 사용하는 하얀색 알약 |
| EMCS | Emergency Medical Call System, 지상 응급연락체계 |
| FAK | 구급약통 |
| EMK | Emergency Medical Kit, 기내 의료진만 사용할 수 있는 약품통 |
| 지사제 | 설사를 그치게 하는 약 |
| STD | Standard time of departure, 예정 출발시간 |
| STA | Standard time of arrival , 예정 도착시간 |
| ATD | Actual time of departure, 실제 출발시간 |
| ATA | Actual time of arrival, 실제 도착시간 |
| AED SHOCK | AED에서 전기충격을 주는것 |
| PUSH BACK | 항공기 출발 위해 게이트에서 뒤로 밀어내는 행위 |
| TAKE OFF | 이륙 |
| NRT | 일본 나리타 국제공항의 3 LETTER CODE |

## 4. 기내 응급환자 중간 기착지/도착지 공항 인계방법

기내 응급환자가 발생하여 EMCS의 지시 또는 기내 의료진이 회항을 권유하거나 회항 없이 목적지까지 비행하여 공항의 지상직원에게 인계할 경우 아래의 사항을 참고하여 인계한다.

❶ 항공기 도착 후 유도로 택싱(Taxing) 중 기내 모든 승객에게 항공기가 게이트에 도착하면 응급환자 인계까지 착석상태를 유지할 수 있도록 기내 안내방송을 실시한다.

❷ 게이트에 도착 후 항공기 문이 열리면 대기하고 있던 지상직원과 응급구조요원에게 응급환자의 증상/처치한 방법/환자상태/인적사항을 구두/문서로 자세히 인계한다.

❸ 응급구조요원이 기내에 진입하여 환자를 이송할 때 의식이 있는 환자는 On board wheel chair를 이용하고 의식이 없는 환자일 경우 환자 이송용 들것을 이용하여 환자승객을 안전하게 외부로 운송할 수 있도록 주변의 승무원과 함께 기내 준비를 실시한다.

❹ 안전하게 기내 외부로 환자승객을 운송한 후, 지상직원에게 한국 소재 항공사 본사로 유선이나 팩스(FAX)를 이용하여 기내에서 응급처치한 기록/의료진 인적사항을 송부할 수 있도록 조치한다.

❺ 기내에서 응급조치를 실시한 의료진에게 감사의 인사를 전하고 응급환자 운송을 위해 기내 대기를 협조해 준 승객에게 역시 감사의 인사를 전한다.

❻ 회항한 경우 재출발 위해 기장에게 객실의 출발 준비완료를 보고하며 CDML(객실정비기록부)에 사용한 모든 응급장비의 내용을 기록한다.

❼ 호텔/모기지 도착 후 응급환자 처치에 대한 보고서를 6하 원칙으로 작성하여 회사에 제출한다.

# 객실승무원
# 건강관리

1. 규칙적인 식사

2. 적당한 수면과 휴식

3. 규칙적인 운동

4. 해외 체류시 건강하고 위생적인 생활

5. 정기적인 건강검진

6. 승무원 기내 부상을 예방할 수 있는 업무 단계별 동작

## Chapter 09

# 객실승무원
# 건강관리

 **01 규칙적인 식사**

객실승무원은 직업상 식사를 불규칙하게 하게 되므로 정해진 시간에 규칙적으로 음식을 섭취해야 한다. 기내 또는 지상에서 식사시 모든 영양소가 골고루 갖추어진 식사를 하고 출근하기 전 아침식사는 거르지 않고, 기내에서는 과식하지 않도록 하며 심야 시간에 공복감이 들어 너무 많은 양의 식사를 한꺼번에 하지 않도록 주의한다.

**02 적당한 수면과 휴식**

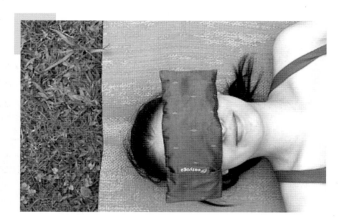

국제선을 탑승하게 되면 짧은 시간 내에 여러 시간대를 통과하므로 시차에 노출되기 쉽고 이는 곧 졸음과 불면 그리고 신체적 능률의 저하와 피로로 연결된다. 따라서 가능한 한국 시차에 맞추어 생활하도록 하며 항공기 내 짧은 휴식을 적절히 이용하여 수면을 취하도록 해야 한다. 특히 잠을 유도하는 약물의 복용이나 과도한 수면은 오히려 시차적응과 불면을 초래하기 때문에 삼가도록 한다.

## **03** 규칙적인 운동

시속 1,000km로 날아가는 비행기 안에서 계속적인 근무가 이루어지므로 건강유지를 위해 평소 적절한 운동이 반드시 필요하며 규칙적인 운동이 부족할 때 피로감 및 정신적 신체적 능률이 상당히 저하되므로 일주일에 3회 이상 땀이 날 정도의 유산소 운동이 필요하다. 일반적으로 현장 승무원이 해외 체류호텔 헬스클럽에서 가장 많이 실시하는 유산소 운동은 조깅, 수영, 자전거 타기, 빠르게 걷기이며 동시에 근력강화 운동도 반드시 필요하다.

## **04** 해외 체류시 건강하고 위생적인 생활

객실승무원에게 해외 체류는 필수사항 중 하나이다. 따라서 해외 체류시 각나라마다 특이한 감염병 및 풍토병에 감염되지 않도록 개인 위생에 각별히 주의해야 한다. 저자의 경험상 풍토병과 감염병은 주로 동남아시아 국가와 아프리카에서 발생하고 있으며 승무원이 감염되기 쉬운 풍토병과 감염병의 종류는 이질, 설사, 복통, 식중독, 콜레라, 뎅기열, 말라리아, 조류인플루엔자이다. 따

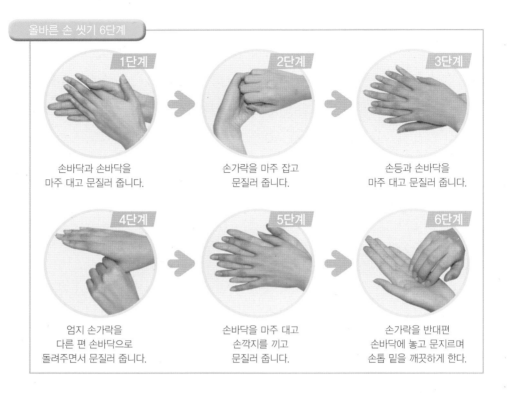

올바른 손 씻기 6단계

**1단계** 손바닥과 손바닥을 마주 대고 문질러 줍니다.

**2단계** 손가락을 마주 잡고 문질러 줍니다.

**3단계** 손등과 손바닥을 마주 대고 문질러 줍니다.

**4단계** 엄지 손가락을 다른 편 손바닥으로 돌려주면서 문질러 줍니다.

**5단계** 손바닥을 마주 대고 손깍지를 끼고 문질러 줍니다.

**6단계** 손가락을 반대편 손바닥에 놓고 문지르며 손톱 밑을 깨끗하게 한다.

라서 감염병 증세가 의심되면 반드시 객실사무장/캐빈매니저에게 보고하여 적절한 치료를 받도록 해야 하며 최선의 예방책은 현지에서의 철저한 개인 위생 규칙 준수라고 할 수 있다.

## 1. 풍토병(endemic disease)이란?

풍토병은 특정 지역에 사는 주민들에게 지속적으로 발생하는 질병을 뜻한다. 특정 지역에서 지속적으로 발생하나 그 빈도가 시간에 따라 크게 변하지는 않는다. 대개의 경우 비교적 한정된 지역에 발생하는 전염성 질환을 일컫는 경우가 많다. 이러한 풍토병이 다른 지역의 풍토병이 되려면 기후와 같은 자연환경, 생활양식, 질병을 옮기는 매개체(예를 들어, 모기)의 분포 등의 장벽을 넘어야 한다.

해외의 여러 풍토병은 해당 지역에 여행을 가거나 여러 가지 이유로 해당 지역에 일시적으로 또는 장기적으로 거주하게 될 때 문제가 될 수 있다. 해외에

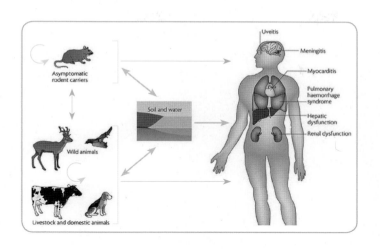

※ 특정 여행 지역의 풍토병 및 주의사항에 대한 자세한 정보는 질병관리본부 해외여행질병정보센터(http://travelinfo. cdc.go.kr/main)에서 확인할 수 있다.

나갈 경우 주의해야 하는 대표적인 풍토병으로는 말라리아, 뎅기열, 황열, A형 간염, 장티푸스, 콜레라 등이 있다.

## 2. 풍토병의 원인

여행시에 접할 가능성이 있는 전염성 질환은 대체로 수인성 질환이거나 곤충 매개성(예를 들어, 모기) 질환이다. 따라서 조리 상태가 적절하지 않거나 확인되지 않는 음식을 피하고 손 씻기를 잘하며, 곤충 기피제나 모기장 등을 이용하여 곤충에 물리는 것을 피하는 것이 중요한 예방법이 된다. 종합하면 대부분 풍토병의 원인은 적절하지 못한 위생환경/부적합한 음식과 물/모기 및 파리에 의해 발병 원인이 제공될 수 있다.

## 3. 풍토병의 종류

### ❶ 말라리아

말라리아 원충 감염으로 발생하며 감염은 모기를 통해 일어난다. 아프리카의 열대 지역, 동남아시아(특히 캄보디아, 미얀마, 태국 접경 지역), 아마존강 유역의 남미 등에 있는 열대열 말라리아의 경우 국내에 있는 삼일열 말라리아에 비하여

중증 합병증 발생의 빈도가 높고 상대적으로 사망률도 높아 주의를 요한다.

### ❷ 뎅기열

뎅기 바이러스(Dengue virus)의 감염으로 발생하며 모기에 물려 감염된다. 연도별 감염자 숫자 자체로만 보면 전 세계적으로 말라리아 다음으로 질병 부담이 큰 감염 질환이다. 중남미, 동남아시아, 서남아시아의 풍토병이며, 아프리카 일부 지역에서도 발생한다.

### ❸ 황열병

황열 바이러스(Yellow fever virus)의 감염으로 발생하며 모기에 물려 감염된다. 아프리카의 열대 지역(중부 아프리카)과 남미의 열대 지역에서 발생한다. 유행 지역에 가거나 유행 지역에서 입국하는 사람은 예방접종이 의무화되어 있다.

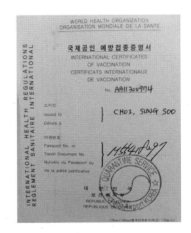

### ❹ A형 간염

A형 간염 바이러스에 감염되어 발생한다. 입으로 섭취하여 감염된다. A형 간염 바이러스는 전 세계적으로 분포하나 아시아(한국, 일본 등 제외), 아프리카, 중남미 등은 발생 빈도가 높은 지역이다. 예방접종을 시행한 적이 없다면, 해당 지역 여행시 예방접종이 권장된다.

### ❺ 장티푸스

음식이나 물 등을 통해 살모넬라균(Salmonella typhi)에 감염될 경우 발생한다. 우리나라를 포함하여 전 세계적으로 발생하기 때문에 풍토병이라 하기는 어렵지만, 발생 빈도가 높은 지역 여행시에는 주의가 필요하다.

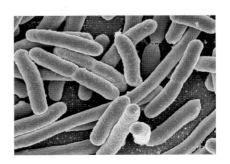

**❻ 콜레라**

음식이나 물 등을 통해 콜레라균(Vibrio cholerae)에 감염될 경우 발생한다. 우리나라를 포함하여 전 세계적으로 발생하기 때문에 풍토병이라 하기는 어렵지만, 발생 빈도가 높은 지역 여행시에는 주의가 필요하다.

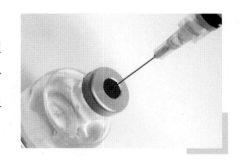

## 4. 풍토병의 예방

해외 풍토병의 경우 대부분 일반적인 관리로 예방이 가능하나 경우에 따라 예방 약제를 투여하거나 예방접종을 시행해야 하는 경우가 있다.

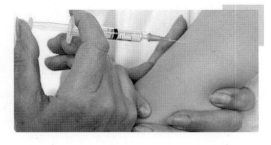

모기로 매개되는 말라리아, 뎅기열, 황열의 경우 모기에 물리지 않도록 유의한다. 위험 지역에서는 가급적 피부가 많이 노출되지 않는 복장을 유지하도록 한다. 곤충 기피제의 도포나 모기장의 사용 등이 기본적이고도 쉬운 예방법이라 할 수 있다. 말라리아의 경우 유행 지역 여행시 예방 약제 투여가 필요하며, 지역에 따라 필요한 예방 약제가 다르다는 점을 유념한다. 최소한 1주 전, 이상적으로는 2~3주 전 복용을 시작해야 충분한 예방 효과를 기대할 수 있다. 뎅기열은 모기에 물리지 않도록 유의하는 것 외에 임상에서 사용할 수 있는 예방접종 등은 개발되어 있지 않다. 황열은 예방접종이 있으며, 유행 지역의 국가에서는 황열 예방접종을 받았다는 증명서를 요구한다는 점에 유념한다.

> A형 간염은 예방접종을 받은 적이 없고 발생 빈도가 높은 지역을 여행할 예정이라면 예방접종을 시행하는 것이 추천된다. 충분한 예방 효과를 기대하기 위해서는 4주 전에 예방접종을 해야 한다. 감염 예방을 위해서는 충분히 익힌 음식을 섭취하고 손 씻기 등 개인 위생 관리에 유의한다. 수인성 감염 질병인 장티푸스와 콜레라 등은 조리나 보관 상태가 분명하지 않은 음식을 피하고, 손 씻기 등 개인 위생 관리에 유의하면 충분히 예방할 수 있다.
>
> 출처 : 서울대학교병원 의학정보, 서울대학교병원

**정기적인 건강검진**

　항공사에서는 승무원의 건강상태를 유지하기 위하여 매년 생일달 객실승무원은 일년에 1회, 운항승무원은 일년에 2회의 건강검진을 실시한다. 평소 적지 않은 객실승무원은 정기검진을 귀찮아 하는 경향이 있으나 이를 적절히 이용하

면 자신의 건강을 지킬 수 있고 나아가 건강한 신체를 통하여 승객에게 고품격 서비스를 제공하고 기내 응급상황 발생시 올바른 판단을 내릴 수 있는 척도가 되기 때문에 정기적인 건강검진을 실시하여 몸과 마음을 항상 건강한 상태로 유지 시켜야 한다.

 **승무원 기내 부상을 예방할 수 있는 업무 단계별 동작**

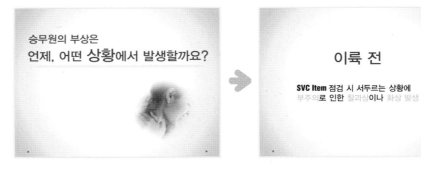

# 비행 중

부주의와 잘못된 자세로 인해
부상을 입는 경우

잘못된 자세

무리하게 꺼내지 마세요

나누어서 꺼내주세요

발 받침대 사용

### 잘못된 자세

무리하게 힘을 주어
빼지 마세요

**1** Cart Locking 확인  **2** 허리 끝게 펴고  **3** 다리 를 굽혀  **4** 천천히 당기 세요

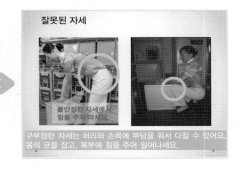

### 잘못된 자세

불안정한 자세에서
힘을 주지 마세요.

구부정한 자세는 허리와 손목에 부담을 줘서 다칠 수 있어요.
몸의 균을 잡고, 복부에 힘을 주어 일어나세요.

찰과상

사용 전 반드시 확인

깨진 유리 파편에 상처를 입을 수 있어요.
다른 동료가 사용하지 않도록 쓰레기통에 버려 주세요.

### 타박상

바퀴 옆에 발을
가까이 놓지 마세요.

기내가 어둡거나 Cart가 무겁다면 함께 움직이세요.
시선은 발끝과 Cart 바퀴의 움직임을 보세요.

# Turbulence

갑작스런 Turbulence로 넘어져 다치거나
승객의 착석 유도를 위해 걸어 가면서
부상을 입는 경우

### 타박상

사용한 Cart 방치 금지

사용한 Cart는 제자리에 보관하고 Locking하세요.
움직이는 Cart에 부딪혀 다칠 수 있어요.

### 화상

갑작스러운 **Turbulence** 대비
뜨거운 음료는 **Aisle**에서 충분히 낮은 자세로 서비스
**GLY** 내 **Locking** 확인/ 조심스럽게 서비스 .

### 기내판매 시

**Sales Item**을 꺼내기 위해
무리하게 움직이면서 부상을 입는 경우

### 무리한 자세

혼자 옮기지 마세요.

이중 **Setting**된 **C/Box**는 함께 도와서 옮기세요.

### 타박상

물건을 꺼내 둔 열어놓지 마세요

사용 후 바로 닫아 주고 **Locking**해 주세요.
일어서며 다칠 수 있어요.

### 착륙 전

착륙 준비를 하는 동안
부주의나 착륙 충격으로
부상을 입는 경우

### 규정 미준수

**Approaching signal**이 켜지고 방송이 나오면
**GLY Duty**는 **GLY** 내 고정상태를 점검하고
**Aisle Duty**는 휴대수하물 보관 상태를 점검하세요.

### 규정 미준수

문을 꼭 닫으세요

**Approaching** 시 **GLY Duty**는 세세히 점검해야 해요
**Locking**을 수시로 확인하며 이중 잠금을 해주세요.
착륙 충격에 의해 문이 열려 내용물이 쏟아져 다칠 수 있어요.

### 규정 미준수

잘못된 자세 금지

**Landing Signal**이 나온 뒤 승객 벨트 착용 점검 후
바로 **J/Seat**에 앉으세요. 등을 붙이고 앉아서
좌석벨트 및 **Shoulder Harness**를 바르게 착용하세요

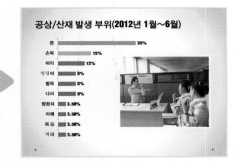

### 비행 전 Briefing Room에서

손바닥을 위로 향하고 가슴을 내밀어 허리와 등을 펴주세요.

한 손으로 다른 손을 받쳐 팔꿈치를 지긋이 누르며 당겨주세요.

한 손으로 다른 손 팔꿈치를 잡고 아래로 천천히 펴주세요.

### 비행 중 GLY에서

반대편 손을 몸 쪽으로 당겨 손목의 긴장을 풀어주세요.

목을 옆으로 천천히 돌려 근육을 이완 시켜주세요.

반동을 주지 않고 허리를 숙여 손바닥이 다리에 닿도록 뻗어주세요.

### 비행 후 Station 에서

한쪽 다리를 접고 편 다리쪽으로 몸을 최대한 굽혀주세요.

양손을 어깨 옆에 놓고 팔굽을 펴서 허리를 젖혀주세요.

평소 지속적인 운동으로 건강을 유지하세요.

# 선한 사마리안법
## (응급의료에 관한 법률 제5조, 제5조의2)

Chapter

## 10

# 선한 사마리안법

(응급의료에 관한
법률 제5조, 제5조의2)

### 01 선한 사마리안법의 유래

'신약성서 누가복음 10장 30~37절'

어느 날 예루살렘에서 여리고 지방으로 내려가던 유대인이 강도를 만나 가진 것 다 빼앗기고 몸도 심하게 구타를 당하여 사경을 헤매며 쓰러져 있었다. 그의 옆을 지나가던 유대인 제사장은 그의 옆에 피하여 갔고, 레위 사람도 자기에게 피해가 올까봐 피해갔다. 하지만 유대인이 제일 멸시하던 사마리아인은 사경에 빠진 유대인을 자기 나귀에 싣고, 여관방에 데려다 주었으며 여관주인에게 환자를 잘 치료하여 주길 부탁하며 많은 치료비도 선뜻 감당하는 자선을 베풀었다.

성경본문 출처
(누가복음 10장 30~36절)

♧ 30절 : 예수께서 대답하여 이르시되, 어떤 사람이 예루살렘에서 여리고로 내려가다가 강도를 만나매 강도들이 그 옷을 벗기고 때려 거의 죽은 것을 버리고 갔더라.

♧ 31절 : 마침 한 제사장이 그 길로 내려가다가 그를 보고 피하여 지나가고

♧ 32절 : 또 이와 같이 한 레위인도 그 곳에 이르러 그를 보고 피하여 지나가되

♧ 33절 : 어떤 사마리아 사람은 여행하는 중 거기 이르러 그를 보고 불쌍히 여겨

♧ 34절 : 가까이 가서 기름과 포도주를 그 상처에 붓고 싸매고 자기 짐승에 태워 주막으로 데리고 가서 돌보아 주니라.

♧ 35절 : 그 이튿날 그가 주막 주인에게 데나리온 둘을 내어 주며 이르되, 이 사람을 돌보아 주라. 비용이 더 들면 내가 돌아올 때에 갚으리라 하였느니

♧ 36절 : 네 생각에는 이 세 사람 중에 누가 강도 만난 자의 이웃이 되겠느냐.

♧ 37절 : 가로되 자비를 베푼 자니이다. 예수께서 이르시되, 가서 너도 이와 같이 하라 하시니라.

## 02 선한 사마리안법의 의의

원래 외국의 선한 사마리아인의 법이란 '위험에 처해 있는 사람을 구조해 주어야 하며 자기가 위험에 빠지지 않는데도 자의로 구조하지 않는 경우에 처벌하는 것'을 의미한다. 선한 사마리아인 법은 이기적인 사회를 극복하여, 사회 성원 모두가 더불어 함께 잘 사는 공동체를 건설하기 위한 것이다. 또한 겉으로 드러난 행동만을 문제 삼는 법의 한계를 넘어, 내면적인 인간의 양심을 법을 통해서라도 회복시키려는 의도를 갖고 있다.

선한 사마리아인의 법이란 위에서 언급한 것과 같이 신약성경의 누가복음에서 유래되었다. 위 내용과 같이 '타인의 생명이나 신체에 중대한 위험이 발생하고 있음을 목격한 사람이, 자신에게 특별한 부담이 생기지 않음에도 불구하고, 그 구조에 나서지 않는 경우'에는 1년 이하의 징역이나 500만원 이하의 벌금에 처한다는 법이 선한 사마리아인의 법이다. 다시 말하면 이는 도덕적인 의무를 법으로 강제하는 것이라 할 수 있다. 위험에 처해 있는 자는 우리의 주변에도 가끔 있는데, 이를 구조해 주어야 함에도 불구하고 방관함으로써 사회는 점점 냉혹해지고 각박해지며 비인간화의 길로 치닫고 있다. 구조 이행의 의무는, 모든 인간은 인간 존엄성의 구현을 위해 마땅히 노력해야 한다는 당위적인 이

념에서 비롯된다. 우리 인간 사회가 모든 인간은 존엄하고 평등한 존재라는 데서 출발하고 있는 만큼, 만일 어떤 사람이 위난에 빠져 있는 사람을 돌보지 않는다면 결국은 자신의 인간으로서의 존엄도 돌보지 않는 것이 된다. 예컨대, 불난 집에 물 양동이를 가져다 주기를 거부한 청년이나 고속도로에 어린이가 뛰어 들어가는 것을 보고도 그냥 운전한 사람은 윤리적으로 비난받을 뿐 아니라 법의 관점에서도 문제가 된다.

## 03 외국법과 국내법의 차이

전 프로야구 선수 임수혁이 제대로 응급 처치를 받지 못해 식물인간이 된 것이 화두가 되었고 SBS에서 방영한 메디컬 연속 드라마 및 국내에서 발생한 여러 사건에 대해 국민의 자발적인 도움을 이끌어 내고자 대한민국 국회에서도 2008년 5월 23일 착한 사마리안법의 취지를 수용하여 본회의에서 응급의료법 개정안을 통과시켰다. 그러나 대한민국의 착한 사마리안법의 경우, 외면에 대한 처벌 규정은 없고 선한 취지의 행위를 장려하기 위한 면책규정이라는 점에서 외국의 다른 나라의 법과는 차이가 있다.

즉, 착한 사마리아인의 법은 근본적으로 곤경에 처한 사람을 외면해서는 안 된다는 도덕적 · 윤리적인 문제와 연결된다. 그러나 법과 도덕은 별개라는 입장에서는 개인의 자율성을 존중하여 법이 도덕의 영역에 간섭해서는 안 된다는 반론을 편다. 우리나라의 경우는 착한 사마리아인의 법, 곧 불구조죄가 적용되지 않는다.

예를 들면, 물에 빠진 사람을 충분히 구해 줄 수 있음에도 불구하고 구해 주지 않은 사람에 대하여 도덕적으로 비난할 수는 있어도 법적으로 처벌할 수는 없는 것이다. 단, 노인이나 영아, 직계존속, 질병 등의 사유로 부조<sup>(扶助)</sup>를 필요로 하는 사람을 보호할 법률상·계약상 의무가 있는 자가 그들을 유기한 때에는 유기죄로 처벌받는다. 또 '의사상자 예우에 관한 법률'에서도 이 법의 정신이 반영된 흔적을 엿볼 수 있다.

### 외국의 선한 사마리안법(Good Samaritan Law)

Good Samaritan laws (acts) in the United States and Canada are laws/acts protecting from blame those who choose to aid others who are injured or ill. They are intended to reduce bystanders' hesitation to assist, for fear of being sued or prosecuted for unintentional injury or wrongful death.

선한 사마리아인의 법은 위험에 처한 사람을 구조하는 과정에서 자신을 위험에 노출시키지 않는 상황을 가정하고 응급구호조치시 결과에 대한 민/형사상 책임을 면제하는 면책조항을 제정하였고 타인의 생명이 위험한 상태/상황을 보고도 모른체 하거나 구조하지 않았을 경우, 즉 구조 불이행(Failure-to-Rescue)을 저지른 사람을 처벌하는 법이다. 구조거부죄 또는 불구조죄라고도 하며, 사형제도, 양심적 병역 거부와 함께 찬반 양론이 팽팽하게 맞서는 법적 쟁점 가운데 하나이다.

독일의 경우에는 긴급한 상황에 처해 있는 이를 구호하지 않은 이에게 법적인 책임을 지우며, 또한 응급처치를 실행한 이가 상대방의 상황을 더 악화시켰더라도 민형사상 면책을 규정하고 있고 핀란드 역시 구호법을 통해 선한 사마리아인 법을 실현하고 있다.

외국에서 '선한 사마리아인 법'은 가장 먼저 응급상황에 처해 있는 개인의 구조를 촉진하기 위해서 제정되었다. 근대 유럽 시기부터 발달하기 시작한 근대법은 강한 개인주의적 성격을 불러왔으며 근대법률에서는 '책임 있는 자가 책임을 진다.', 다시 말해 과실책임주의가 강하게 적용되었다. 문제는, 사람들이 위험에 빠진 사람을 보더라도 자신에게 주어질 수 있는 잠재적 불이익을 우려해 구호를 꺼리게 된 것이다. 예를 들어보자면 자신은 선한 의도로 구호조치를 하였으나 결국 구호조치를 받은 이가 사망한 경우 과실책임주의에 따라 본인이 살인죄로 처벌받을 것이라고 우려하여 구조를 꺼리는 상황이 발생한다. 이러한 폐단을 막기 위해 시행된 것이 '선한 사마리아인 법'이며 여기엔 추가적으로 구호조치를 한 이가 오히려 구호조치를 받은 자, 또는 그의

유족으로부터 법적인 불이익을 받지 않도록 보호하는 규정을 두고 있다.

예를 들면 프랑스에서는 자기 또는 제3자의 위험을 초래하지 않고 위험에 처한 다른 사람을 구조할 수 있음에도 불구하고 고의로 구조하지 않은 자에 대하여 5년 이하의 구금 및 50만 프랑의 벌금에 처한다(신형법 223-6조 2항). 또 폴란드에서도 개인적인 위험에 닥쳐 본인 또는 본인과 가까운 사람들을 노출시키지 않고 구조할 수 있는데도 생명이 위태로운 상황에 처한 사람을 구조하지 않은 자에 대하여 3년 이하의 금고나 징역에 처한다(247조). 이밖에 독일, 포르투갈, 스위스, 네덜란드, 이탈리아, 노르웨이, 덴마크, 벨기에, 러시아, 루마니아, 폴란드, 헝가리, 중국도 구조거부행위를 처벌한다.

다만, 위와 같은 유럽권 국가에서는 일반적으로 구호조치를 한 자의 면책과 구호조치를 하지 않은 자에 대한 책임을 규정한 반면, 대한민국의 경우 '구호자보호법'에 규정된 바에 따르면 구호조치를 한 자에 대한 보호만을 규정하고 있다. 따라서 국내의 선한 사마리안법의 경우, 외국의 법조항처럼 구조가 절실히 필요한 사람에 대한 외면에 대한 처벌 규정은 없고 선한 취지의 행위를 장려하기 위한 면책규정이라는 점에서 다른 나라의 법과는 차이가 있다.

## 04 응급환자에 대한 도움절차

❶ 의식이 있는 환자 및 보호자의 경우에는 동의를 구한다.

❷ 의식이 없는 경우 먼저 기도, 호흡, 순환의 상태를 확인하여 생명을 위협하는 상태라면 즉시 응급처치를 시행한다.

③ 응급의료기관에 도움을 요청한다.

④ 전문요원이 도착할 때까지 환자의 생명유지를 위해 노력한다.

⑤ 현장 상황이 위험하거나 환자의 생명이 위태로울 경우에만 환자를 이동하거나 이송한다.

---

**응급의료에 관한 법률**

☑ **제5조 (응급환자에 대한 신고 및 협조의무)**

① 누구든지 응급환자를 발견한 때에는 즉시 이를 응급의료 기관 등에 신고하여야 한다.

② 응급의료종사자가 응급의료를 위하여 필요한 협조를 요청하면 누구든지 적극 협조하여야 한다.

☑ **제63조 (응급처치 및 의료행위에 대한 형의 감면)**

① 응급의료종사자가 응급환자에게 발생한 생명의 위험, 심신상의 중대한 위해 또는 증상의 악화를 방지하기 위하여 긴급히 제공하는 응급의료로 인하여 응급환자가 사상에 이른 경우 그 응급의료행위가 불가피하였고 응급의료행위자에게 중대한 과실이 없는 경우에는 정상을 고려하여 형법 제268조의 형을 감경하거나 면제할 수 있다.

---

## 05 국내/외 선한 사마리안법 적용사례

### 1. 응급 구호조치 및 의료시설 미비 – 임수혁 선수

2000년 4월 18일, 서울시 잠실야구장에서 트윈스와의 경기 도중 2루타를 치고 출루한 직후에 갑작스런 심장발작을 일으키며 쓰러진 뒤로, 의식을 회복하지 못하고 있다가 사망한 야구선수이다. 시합 중 심장발작 초기 응급처치와 병원 이송이 늦어진 점이 치명적이었다는 것이 중론이었다. 실신 당시 덕아웃에

있던 의료진과 코치가 신속히 달려갔지만, 당황한 나머지 인공호흡이나 심장 마사지 대신 바지의 벨트를 풀어주면서 열사병으로 쓰러졌을 경우에 시행하는 대처를 했었다고 알려져 있었다. 즉, 임수혁 선수는 심장부정맥을 기저질환으로 앓고 있었는데 쓰러진 이유를 일사병으로 판단하였고 병원 후송 후 당시에 치료한 의사의 견해를 인용한 언론 보도에 의하면, 당시 2루에 진루한 후, 심장이 갑자기 느리게 뛰면서 뇌로 올라가야 할 혈액이 부족해져서 쓰러졌던 것이라고 추정하며 즉시 누군가가 가슴을 한 번만이라도 쾅! 쳐주기만 했어도 다시 일어나 다음 타석에 들어섰을 거라고 하였다. 당시 경기를 관람했던/경기에 참가했던 많은 선수/참관인원 중 한 명만이라도 CPR/인공호흡을 시행했으면 하는 아쉬움이 들었으며 아무튼 적시에 응급 CPR을 받지 못한 임수혁 선수는 그렇게 식물인간이 되었고 후유증을 극복하지 못하고 2010년 2월 10일 끝내 사망하였다.

대한민국 국회에서도 2008년 5월 23일 선한 사마리안법의 취지를 수용하여 본회의에서 응급의료법 개정안을 통과시켰다.

## 2. 구호자의 부적절한 응급구호조치 사례 - 클론 강원래

2000년 11월 9일 오후 2시30분께 서울 서초구 반포동 서초볼링센터 앞에서 인기 댄스그룹 '클론'의 강원래[32]씨가 오토바이를 타고 가다가 불법 유턴하던

승용차의 우측면과 충돌, 뇌출혈과 다리, 어깨골절 등의 부상을 입고 인근 병원으로 옮겨진 사건이 발생하였다.

병원에서 회복 후, 본인에 의하면 최초 사고가 발생할 당시 적절한 응급처치만 제대로 했어도 지금의 자신처럼 하반신 마비가 안 되었을 것이라고 하며 사고 당시 이미 목과 팔, 척추가 골절

된 상태에서 사람들이 도로에 누워있는 자신을 차량소통을 위해 무리하게 인도로 옮기면서 체내 많은 신경의 손상이 발생하였다는 의견을 피력하였다. 외국의 경우 사고가 발생하면, 앰블런스가 도착할 때까지 현장을 보존하고 기다리는데 우리나라는 너무 빨리 적절하지 못한 조치를 해서 오히려 상황을 악화시키는 경우가 있다고 한다.

### 3. 선한 사마리안법 인용 면책사례 – SBS 드라마 러브스토리 인 하바드

러브스토리 인 하바드는 SBS에서 2004년 11월 22일부터 2005년 1월 11일까지 방영한 드라마로 미국 하바드대 로스쿨을 배경으로 대학생들의 유학생활을 그린 드라마이다. 미국에서 메디컬스쿨에 재학 중이던 극 중의 이수인이 학교 구내식당에서 음식물에 기도가 막힌 사람을 발견하고 구조대가 올 때까지 기다리다가는 생명이 위험할 것으로 판단하여 실제 현역 의료진이 시행하는 전문적인 시술을 행해서 그 사람을 살려내지만 아직은 시술할 수 없는 학생의 신분이었기 때문에 엄격한 징계가 뒤따르는 학내 징계위원회에 회부되나 로스쿨 법대생인 극중의 김현우가 선한 사마리안법으로 이수인을 징계위원회에서 면책을 받게 하는 장면 때문에 선한 사마리안법이 국내에 광범위하게 알려지는 계기가 되었고 연예계의 이슈가 되었었다.

### 4. 제노비스 신드롬(Genovese syndrome) 극복 사례 – 홍석천 지구대 사건

2013년 9월 13일 경찰청 온라인 소통계는 공식 페이스북을 통해 '홍석천이 지구대에 뛰어온 이유'라는 제목으로 홍석천이 길에 쓰러진 취객을 도운 일화와 사진을 게재해 이목을 집중시켰다.

이 글의 내용은 "2013년 9월 4일 자정이 넘는 시각 연예인 홍석천 씨가 지구대에 황급히 뛰어 들어왔다. 당시 홍석천 씨는 경찰에게 '큰 길가에 사람이 쓰러져 있어요. 도와주세요.'라고 하였고 경찰이 홍석천 씨와 같이 몇 백미터를 뛰어 가보니 어느 한 취객이 곤히 취해 잠들어 있었다."고 했다. 이어 "술 취한 취객을 깨우는 동안 옆에서 홍석천 씨는 정신을 차릴 수 있도록 계속 말을 걸어 주었고 결국 술 취한 분을 업고 편의점에 가서 물을 먹이고서야 집에 무사히 보내드릴 수 있었다."고 당시 상황을 자세하게 전했다.

끝으로 경찰은 "날씨도 쌀쌀해지는 요즘, 술 먹고 길거리에서 자는 사람들이 많다. 홍석천 씨 정말 감사하다. 많은 사람이 지나가는 길거리지만 제노비스 신드롬(Genovese syndrome)을 극복하고 선뜻 신고해주는 사람은 홍석천 씨뿐이었다."며 고마운 마음을 표시했다.

## 제노비스 신드롬(Genovese syndrome)이란?

1964년 3월 13일 금요일, 미국의 뉴욕 주 퀸즈(Queens)에 거주하던 캐서린 키티 제노비스(Catherine kitty Genovese, 당시 28세)라는 이름의 젊은 여성이 자신의 아파트 근처에서 칼을 든 3인의 강간범에 의해 성추행 후 처참하게 살해당하는 사건이 발생했다.

보도에 의하면 38명의 이웃 주민이 비명소리를 들었고, 도망치기 위해 사투를 벌이는 그녀의 모습을 35분 동안 창문을 통해 지켜보았다. 그러나 그 많은 주민들 중 누구도 경찰에 신고하거나 도움을 요청하지 않았다. 그녀를 공격한 범인은 두 차례나 그녀를 내버려두고 도망갔다가 다시 돌아왔는데, 범인이 사라졌을 때 누군가가 그녀를 건물 안으로 들여보내 주었다면 그녀가 살 수 있었을 것이라고 한다. 몇몇 증인들은 이것이 연인들의 다툼이라고 생각해 개입하지 않았다고 해명했다. 〈뉴욕 타임스〉는 이 사건에 대해 "38명의 살인 목격자 중 아무도 경찰을 부르지 않았다. Thirty-Eight Who Saw Murder Didn't Call the Police."라는 헤드라인의 기사를 내보냈다.

이 사건은 미국 내 전국적인 화제가 되었고, 엄청난 논란을 불러일으켰다. 어떻게 사람들이 한 여성이 살해당하는 동안 38명의 동네주민들이 그저 가만히 앉아만 있었단 말인가? 사람들은 도시의 부패에 대해 나름의 이론을 제시하며 의견을 나누었고, 구경꾼들의 무자비한 무관심을 비판했다. 이것은 방관자/구경꾼들이 위기 상황에서 피해자를 돕지 않는 것에 대한 사회 심리학 연구들을 자극했다.

제노비스 살해 사건에 대한 뉴스 보도에 등장했던 지식인들은 이러한 도움주기 실패의 원인이 개인 내적인 원인이라 가정했다. 이러한 관점에서 그들은 기본적 귀인 오류(fundamental attribution error)를 범한 것이다. 그들은 상황 요인의 중요성을 과소평가했다. 뉴스 기자들 중 그 누구도 "나는 그 여성이 살든 죽든 전혀 신경쓰지 않았다."는 말을 들을 수 없었다. 이러한 위기 상황이 가져오는 고유의 강력한 현상을 사회 심리학자들은 방관자 효과(bystander effect) 또는 구경꾼효과(Spectator effect)라고 부른다. 이것은 사람들이 홀로 있을 때보다 타인들과 함께 있을 때 도움을 제공할 경향성이 현저히 낮아진다는 것이다.

[네이버 지식백과] 방관자 효과 [bystander effect] (심리학용어사전, 2014. 4., 한국심리학회)

## 5. 응급구조의무 회피사례 – 영국 왕실 다이애나비 사건

1997년 8월 31일 밤, 세계인을 놀라고 슬프게 했던 '다이애나 사망' 사건

다이애나는 1981년 7월 당시 영국 왕실의 찰스 왕세자와 결혼했으나 1996년 이혼했고, 이듬해인 1997년 8월 프랑스 파리 지하차도에서 교통사고로 숨졌다. 숨지기 전 다이애나는 이집트계 애인 도디 파에드와 데이트를 즐기고 있었는데, 파파라치들의 추적을 피해 파리 시내에서 과속을 하다 사고를 당했다고 알려졌다.

당시 메르세데스 벤츠 승용차를 타고 가던 중 터널 안에서 폭발한 자동차에서 사망했던 다이애나(당시 36세), 도디파에드(당시 42세), 운전기사 폴은 함께 자동차 안에서 사망하였는데 다이내아비를 뒤따르던 파파라치들이 다이애니비 일행을 구조할 생각은 전혀 하지 않고 연신 사진만 찍어 다음 날 신문에 대서특필하였다. 처음 음주운전에 의한 교통사고가 그 사건의 원인으로 지목되었지만 더 큰 잘못은 생명이 위독한 응급상황에서 구조의 의무를 회피한 파파라치에게 더 많은 질타가 쏟아졌으며 결국 법원은 파파라치에게 징역6년의 무거운 실형을 선고하였다.

다이애나비가 죽어갈 때 사진만 찍었던 파파라치가 '선한 사마리아인처럼 다이애나비를 구했으면 지금쯤 다이애나비는 어떻게 됐을까?'라는 질문을 한 번 던지고 싶다.

## 06 선한 사마리아법의 확장

미국 테네시 주에서 여름철 차량으로부터 애완동물을 보호하는 법이 제정됐다.

미국 방송매체 NBC 뉴스는 "미국 테네시 주가 사람들이 여름철 뜨거운 차량으로부터 애완동물을 구조할 수 있도록 허용하는 법안이 제정됐다."고 보도했다.

이번에 제정된 테네시 주의 법안은 만약 애완동물이 자동차 안에서 남겨져 있을 경우 사람들이 뜨거운 자동차를 부수고 들어가 애완동물을 꺼낼 수 있도록 허용하고 있다. 여름철 자동차가 뜨거운 햇살에 온도가 높아져 애완동물이

탈수 현상으로 사망하는 것을 방지하기 위해서다. 만약 사람들이 타인의 차량에 타인의 애완동물을 구조하기 위해 차량을 부쉈다고 하더라도 인간사회의 선한 사마리아인법처럼 처벌을 전혀 받지 않는다.

2015년 7월 1일자로 효력을 발휘하게 된 이 법안은 선한 사마리아인의 법이 인간에서 애완동물로 확장된 경우라서 주목을 받고 있다. 기존 선한사마리아인의 법은 응급상황에서 선의로 구조에 나섰다가 발생한 재산상, 신체적 피해는 면책한다고 명시하고 있다. 테네시 주는 이 법안의 내용을 애완동물로 확장한 것이다.

테네시 주의 법안은 절차를 명확히 명시하고 있다. 일단 △차량이 확실히 잠겨 있어야 하고 △어린이나 동물이 위험에 임박해 있으며, △만약 즉시 구조되지 않을 경우 상해를 입을 경우, △경찰에 통지해야 한다. 이상 4가지 요건을 충족할 경우 즉시 차량을 부술 수 있다.

K. C. 테이센 미국 휴먼소사이어티 애완동물케어이슈 디렉터는 "만약 당신이 개를 차에 남겨두고 떠나버릴 경

우, 개들이 차량이 뜨겁다고 느끼는 즉시 그들은 긴장하고 패닉을 경험한다. 이는 개가 심장병에 걸리거나 체내 온도가 급상승해 심각한 위험에 빠질 수 있게 하는 원인이 될 수 있다."고 말했다. 미시건 주립대학 동물법센터에 따르면, 테네시 주가 이번 법을 제정하면서 뜨거운 차량에서 애완동물을 보호하는 주는 총 16개로 늘어났다.

## 07 결론

최근 우리나라에서도 응급환자에게 응급처치를 하다 본의 아닌 과실로 인해 환자를 사망에 이르게 했거나 손해를 입힌 경우 민·형사상의 책임을 감경 또는 면제한다는 '응급의료에 관한 법률(구호자보호법)'이 2008년 6월 13일 개정되면서 '선한 사마리안법'이 도입, 2008년 12월 14일부터 시행되고 있다. 그동안 국내에서는 사고를 당해 목숨이 위태로운 사람을 구해주려다 결과가 잘못되면 구호자가 소송에 휘말리거나 죄를 덮어쓰는 경우가 많아 위험에 처한 사람을 봐도 도움을 주저하거나 외면하는 경우가 많았다.

따라서 이러한 법률을 제정하고 시행하면서 생명의 위험에 처한 주변 사람을 방치하지 않고 적극적인 도움을 줌으로써 기적적으로 소생하는 아름다운 사례가 사회 전반에 걸쳐 많이 나타나고 있으며 1만 미터 이상 고공을 비행 중인 기내에서

객실승무원과 의료진이 생명위급 승객을 응급처치하는 데 주저하지 않고 나설 수 있는 토양이 법적으로 마련되었다 할 것이다.

# 부록

# 응급의료에 관한 법률

[시행 2015.12.23.]
[법률 제13367호, 2015.6.22., 타법개정]
보건복지부(응급의료과), 044-202-2560

## 응급의료에 관한 법률

### 제1장 총칙 〈개정 2011. 8. 4.〉

**제1조(목적)** 이 법은 국민들이 응급상황에서 신속하고 적절한 응급의료를 받을 수 있도록 응급의료에 관한 국민의 권리와 의무, 국가·지방자치단체의 책임, 응급의료제공자의 책임과 권리를 정하고 응급의료자원의 효율적 관리에 필요한 사항을 규정함으로써 응급환자의 생명과 건강을 보호하고 국민의료를 적정하게 함을 목적으로 한다.

**제2조(정의)** 이 법에서 사용하는 용어의 뜻은 다음과 같다.

1. "응급환자"란 질병, 분만, 각종 사고 및 재해로 인한 부상이나 그 밖의 위급한 상태로 인하여 즉시 필요한 응급처치를 받지 아니하면 생명을 보존할 수 없거나 심신에 중대한 위해(危害)가 발생할 가능성이 있는 환자 또는 이에 준하는 사람으로서 보건복지부령으로 정하는 사람을 말한다.

2. "응급의료"란 응급환자가 발생한 때부터 생명의 위험에서 회복되거나 심신상의 중대한 위해가 제거되기까지의 과정에서 응급환자를 위하여 하는 상담·구조(救助)·이송·응급처치 및 진료 등의 조치를 말한다.

3. "응급처치"란 응급의료행위의 하나로서 응급환자의 기도를 확보하고 심장박동의 회복, 그 밖에 생명의 위험이나 증상의 현저한 악화를 방지하기 위하여 긴급히 필요로 하는 처치를 말한다.

4. "응급의료종사자"란 관계 법령에서 정하는 바에 따라 취득한 면허 또는 자격의 범위에서 응급환자에 대한

응급의료를 제공하는 의료인과 응급구조사를 말한다.

5. "응급의료기관"이란 「의료법」 제3조에 따른 의료기관 중에서 이 법에 따라 지정된 중앙응급의료센터, 권역응급의료센터, 전문응급의료센터, 지역응급의료센터 및 지역응급의료기관을 말한다.

6. "구급차등"이란 응급환자의 이송 등 응급의료의 목적에 이용되는 자동차, 선박 및 항공기 등의 이송수단을 말한다.

7. "응급의료기관등"이란 응급의료기관, 구급차등의 운용자 및 응급의료지원센터를 말한다.

8. "응급환자이송업"이란 구급차등을 이용하여 응급환자 등을 이송하는 업(業)을 말한다.

## 제2장 국민의 권리와 의무 〈개정 2011. 8. 4.〉

제3조(응급의료를 받을 권리) 모든 국민은 성별, 나이, 민족, 종교, 사회적 신분 또는 경제적 사정 등을 이유로 차별받지 아니하고 응급의료를 받을 권리를 가진다. 국내에 체류하고 있는 외국인도 또한 같다.

제4조(응급의료에 관한 알 권리) ① 모든 국민은 응급상황에서의 응급처치 요령, 응급의료기관등의 안내 등 기본적인 대응방법을 알 권리가 있으며, 국가와 지방자치단체는 그에 대한 교육·홍보 등 필요한 조치를 마련하여야 한다.

② 모든 국민은 국가나 지방자치단체의 응급의료에 대한 시책에 대하여 알 권리를 가진다.

제5조(응급환자에 대한 신고 및 협조 의무) ① 누구든지 응급환자를 발견하면 즉시 응급의료기관등에 신고하여야 한다.

② 응급의료종사자가 응급의료를 위하여 필요한 협조를 요청하면 누구든지 적극 협조하여야 한다.

제5조의2(선의의 응급의료에 대한 면책) 생명이 위급한 응급환자에게 다음 각 호의 어느 하나에 해당하는 응급의료 또는 응급처치를 제공하여 발생한 재산상 손해와 사상(死傷)에 대하여 고의 또는 중대한 과실이 없는 경우 그 행위자는 민사책임과 상해(傷害)에 대한 형사책임을 지지 아니하며 사망에 대한 형사책임은 감면한다.

1. 다음 각 목의 어느 하나에 해당하지 아니하는 자가 시행한 응급처치

가. 응급의료종사자

나. 「선원법」 제86조에 따른 선박의 응급처치 담당자, 「119구조·구급에 관한 법률」 제10조에 따른 구급대 등 다른 법령에 따라 응급처치 제공의무를 가진 자

2. 응급의료종사자가 업무수행 중이 아닌 때 본인이 받은 면허 또는 자격의 범위에서 한 응급의료

3. 제1호 나목에 따른 응급처치 제공의무를 가진 자가 업무수행 중이 아닌 때에 한 응급처치

제14조(구조 및 응급처치에 관한 교육) ① 보건복지부장관 또는 시·도지사는 응급의료 종사자가 아닌 사람 중에서 다음 각 호의 어느 하나에 해당하는 사람에게 구조 및 응급처치에 관한 교육을 받도록 명할 수 있다.

1. 구급차등의 운전자
2. 「여객자동차 운수사업법」 제3조 제1항에 따른 여객자동차 운송 사업용 자동차의 운전자
3. 「학교보건법」 제15조에 따른 보건교사
4. 도로교통안전업무에 종사하는 사람으로서 「도로교통법」 제5조에 규정된 경찰공무원 등
5. 「산업안전보건법」 제32조 제1항에 따른 안전·보건에 관한 교육의 대상자
6. 「체육시설의 설치·이용에 관한 법률」 제5조 및 제10조에 따른 체육시설에서 의료·구호 또는 안전에 관한 업무에 종사하는 사람
7. 「유선 및 도선 사업법」 제22조에 따른 인명구조요원
8. 「관광진흥법」 제3조 제1항 제2호부터 제6호까지의 규정에 따른 관광사업에 종사하는 사람 중 의료·구호 또는 안전에 관한 업무에 종사하는 사람
9. 「항공법」 제2조 제4호 및 제5호에 따른 항공종사자 또는 객실승무원 중 의료·구호 또는 안전에 관한 업무에 종사하는 사람
10. 「철도안전법」 제2조 제10호 가목부터 다목까지의 규정에 따른 철도종사자 중 의료·구호 또는 안전에 관한 업무에 종사하는 사람
11. 「선원법」 제2조 제1호에 따른 선원 중 의료·구호 또는 안전에 관한 업무에 종사하는 사람
12. 「소방시설 설치·유지 및 안전관리에 관한 법률」 제20조에 따른 소방안전관리자 중 대통령령으로 정하는 사람
13. 「국민체육진흥법」 제2조 제6호에 따른 체육지도자

② 보건복지부장관 및 시·도지사는 대통령령으로 정하는 바에 따라 제4조 제1항에 따른 응급처치 요령 등의 교육·홍보를 위한 계획을 매년 수립하고 실시하여야 한다. 이 경우 보건복지부장관은 교육·홍보 계획의 수립 시 국민안전처장관과 협의하여야 한다.

③ 시·도지사는 제2항에 따라 응급처치 요령 등의 교육·홍보를 실시한 결과를 보건복지부장관에게 보고하여야 한다.

④ 제1항부터 제3항까지의 규정에 따른 구조 및 응급처치에 관한 교육의 내용 및 실시 방법, 보고 등에 관하여 필요한 사항은 보건복지부령으로 정한다.

제14조(구조 및 응급처치에 관한 교육) ① 보건복지부장관 또는 시·도지사는 응급의료종사자가 아닌 사람 중에서 다음 각 호의 어느 하나에 해당하는 사람에게 구조 및 응급처치에 관한 교육을 받도록 명할 수 있다. 〈개정 2011. 8. 4., 2012. 6. 1., 2015. 7. 24.〉

1. 구급차등의 운전자
2. 「여객자동차 운수사업법」 제3조제1항에 따른 여객자동차운송사업용 자동차의 운전자
3. 「학교보건법」 제15조에 따른 보건교사
4. 도로교통안전업무에 종사하는 사람으로서 「도로교통법」 제5조에 규정된 경찰공무원등
5. 「산업안전보건법」 제32조 제1항에 따른 안전·보건에 관한 교육의 대상자
6. 「체육시설의 설치·이용에 관한 법률」 제5조 및 제10조에 따른 체육시설에서 의료·구호 또는 안전에 관한 업무에 종사하는 사람
7. 「유선 및 도선 사업법」 제22조에 따른 인명구조요원
8. 「관광진흥법」 제3조 제1항 제2호부터 제6호까지의 규정에 따른 관광사업에 종사하는 사람 중 의료·구호 또는 안전에 관한 업무에 종사하는 사람
9. 「항공법」 제2조 제4호 및 제5호에 따른 항공종사자 또는 객실승무원 중 의료·구호 또는 안전에 관한 업무에 종사하는 사람
10. 「철도안전법」 제2조 제10호 가목부터 라목까지의 규정에 따른 철도종사자 중 의료·구호 또는 안전에 관한 업무에 종사하는 사람
11. 「선원법」 제2조 제1호에 따른 선원 중 의료·구호 또는 안전에 관한 업무에 종사하는 사람
12. 「소방시설 설치·유지 및 안전관리에 관한 법률」 제20조에 따른 소방안전관리자 중 대통령령으로 정하는 사람
13. 「국민체육진흥법」 제2조 제6호에 따른 체육지도자

② 보건복지부장관 및 시·도지사는 대통령령으로 정하는 바에 따라 제4조 제1항에 따른 응급처치 요령 등의 교육·홍보를 위한 계획을 매년 수립하고 실시하여야 한다. 이 경우 보건복지부장관은 교육·홍보 계획의 수립 시 국민안전처장관과 협의하여야 한다.

③ 시·도지사는 제2항에 따라 응급처치 요령 등의 교육·홍보를 실시한 결과를 보건복지부장관에게 보고하여야 한다.

④ 제1항부터 제3항까지의 규정에 따른 구조 및 응급처치에 관한 교육의 내용 및 실시방법, 보고 등에 관하여 필요한 사항은 보건복지부령으로 정한다.

[시행일 : 2017. 7. 25.] 제14조

제47조의2(심폐소생을 위한 응급장비의 구비 등의 의무) ① 다음 각 호의 어느 하나에 해당하는 시설 등에는 자동제세동기 등 심폐소생술을 할 수 있는 응급장비를 갖추어야 한다.

1. 「공공보건의료에 관한 법률」 제2조 제3호에 따른 공공보건의료기관
2. 「119구조·구급에 관한 법률」 제10조에 따른 구급대에서 운용 중인 구급차
3. 「항공법」 제2조 제1호에 따른 항공기 중 항공운송사업에 사용되는 여객 항공기 및 같은 법 제2조 제7호에 따른 공항
4. 「철도산업발전 기본법」 제3조 제4호에 따른 철도차량 중 객차
5. 「선박법」 제1조의2에 따른 선박 중 총톤수 20톤 이상인 선박
6. 대통령령으로 정하는 규모 이상의 「건축법」 제2조 제2항 제2호에 따른 공동주택
7. 그 밖에 대통령령으로 정하는 다중이용시설

② 제1항에 따라 응급장비를 설치한 자는 해당 응급장비를 매월 1회 이상 점검하여야 한다.

③ 제1항에 따라 갖추어야 하는 응급장비의 관리 등에 필요한 사항은 보건복지부령으로 정한다.

제63조(응급처치 및 의료행위에 대한 형의 감면) ① 응급의료종사자가 응급환자에게 발생한 생명의 위험, 심신상의 중대한 위해 또는 증상의 악화를 방지하기 위하여 긴급히 제공하는 응급의료로 인하여 응급환자가 사상(死傷)에 이른 경우 그 응급의료행위가 불가피하였고 응급의료행위자에게 중대한 과실이 없는 경우에는 정상을 고려하여 「형법」 제268조의 형을 감경(減輕)하거나 면제할 수 있다.

② 제5조의2 제1호 나목에 따른 응급처치 제공의무를 가진 자가 응급환자에게 발생한 생명의 위험, 심신상의 중대한 위해 또는 증상의 악화를 방지하기 위하여 긴급히 제공하는 응급처치(자동제세동기를 사용하는 경우를 포함한다)로 인하여 응급환자가 사상에 이른 경우 그 응급처치행위가 불가피하였고 응급처치행위자에게 중대한 과실이 없는 경우에는 정상을 고려하여 형을 감경하거나 면제할 수 있다.

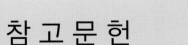

검색엔진 내 대한항공 견학 블로그

국가법령정보센터

국토교통부 국토교통뉴스(www.news.airport.co.kr)

네이버백과사전

대한 심폐소생협회(www.kacpr.org)

대한항공 객실승무원 교범

대한항공 객실승무원 서비스 교범

대한항공 사무장/승무원 방송문 및 부록

대한항공 칼맨 사이트 내 '영종블로그'

대한항공 홈페이지

대한항공/아시아나/제주항공/진에어/이스타항공/T way/유스카이 항공 홈페이지

메디컬커리어 연구소(www.mcareerlab.com)

서울대학교병원 의학정보 제공처

시사상식사전

신약성경 누가복음 10장 30~37절

아시아나항공 홈페이지

위키백과

위키백과 /위키 pedia /You tube

인천국제공항 홈페이지(www.airport.kr)

항공정보 포털 시스템(Air Portal)

Daily car 사이트

Docs From 32 years Flight in Korean air

Knowledges From 32 years Flight in Korean air

Pictures From 32 years Flight in Korean air

www.airbus.com(에어버스사 홈페이지 for A320/330/380)

www.boeing.com(보잉항공사 홈페이지 for B737/777/747)

www.bombardier.com(봄바르디어 항공사 홈페이지 for CRJ-200/1000)

www.tsa.gov 미국교통안전청(Transpotation Security Administration) 홈페이지

# 응급 환자 대처

초판 1쇄 발행  2020년 2월 25일
초판 2쇄 발행  2021년 8월 25일
저      자  최 성 수
펴  낸  이  임 순 재
펴  낸  곳  (주)한올출판사
등      록  제11-403호
주      소  서울시 마포구 모래내로 83(성산동, 한올빌딩 3층)
전      화  (02)376-4298(대표)
팩      스  (02)302-8073
홈 페 이 지  www.hanol.co.kr
e - 메 일  hanol@hanol.co.kr
I S B N  979-11-5685-864-5